成功学80条定理

EIGHTY THEOREMS OF SUCCESS

80条充满智慧的人生启示

子　阳◎著

时事出版社

前言

离开了熟悉的校园、温馨的家，你开始独自一人闯荡社会，从零起步的你是否遭遇了社会巨大竞争压力下的生存危机，感到无尽的彷徨和迷惘？

社会是复杂的，每个人都难免面临生存的竞争与挑战；竞争是残酷的，优胜劣汰，一旦被淘汰，很少有人会可怜弱势的你，你只能独自“品尝”眼泪。

是的，没有人从未遇到困难，从未跌倒过，从未感受过疼痛。而你，只有勇敢地站起来，坚强地挺直腰板继续踏上前方的路，才能为自己赢得生存的空间，实现心中的理想和抱负。即使现在我们在别人眼中只是一株弱不禁风的小草，也不能自暴自弃，在一两次挫折面前自怨自艾、畏缩不前，因为小草和大树有着相同的生命价值，我们要为有尊严地实现自我生存价值而奋斗不息，这样才对得起宝贵的人生！

那么，在这陌生的世界中，怎样做才能更好地生存下去？答案很简单，那就是我们需要掌握必要的生存技巧和法则。

我们不能再做一个单纯的学生了，要运用这些生存法则，增长自己的处世智慧，无论是在逆境还是顺境中都要不断地提高生存能力，源源不断地为生存提供动力源泉。

生存不是无谓地活下去，没有意义的活着只会耗费生命。生存是为了走一条属于自己的人生之路，创造属于自己的辉煌人生！

首先，我们要学会付出，付出更多的努力、辛劳。这个世界没有不劳而获的果实，也没有天上掉馅饼的美事，有的只是一份耕耘一份收获。其次，我们要看得起自己，相信自己最终可以达成目标。没有信心的人不会进步，只能裹足不前、望洋兴叹，虚度大好年华。除此之外，我们要树立崇高的目标，有计划、有步骤地去实现它。不论最后达到何种程度，其结果都会令你惊叹，令你心怀满足地过完这一生。

风雨过后就是彩虹。希望本书带来的80条启示，能像一双翅膀，带你飞到困难的彼岸、希望的国度，可以让你拨开迷雾、摆脱烦扰，重新武装自己，迈向属于你的未来！

子阳

2013年8月

目录

定理1　要想生存好需要付出更多

年轻人初入社会，血气方刚，都想在短时间内达到物质生活上质的飞跃。然而，大千世界，芸芸众生，那些可以顺顺利利获得好生活的人毕竟是少数。怎样才能过上更好的生活？我们有必要明白一个观念——要想生存得好，就必须付出更多。

天下没有免费的午餐

大学毕业生林浩历经千辛万苦找到了人生的第一份工作——在一家小文化公司写文案，月薪是可怜的500元人民币。对于这个很多人瞧都不会瞧一眼的职位，他一干就是10个月。他不但坚持下来了，而且月薪已达到5000多元，自己也一跃成为这个城市一家最有影响力的广告公司的策划总监，并开始出版自己的长篇小说。

他之所以能实现这一职场的重大飞跃，最重要的原因就是他比别人付出的更多。在这几个月中，他每天工作16个小时以上，除了绞尽脑汁、挖空心思撰写好每个执行性高的策划方案之外，还不断地阅读营销、策划和广告方面的书籍，努力开拓自己的视野。同时，他还积极报名参加一些成功学的课程，非常谦虚地向已成名的前辈和师长学习，仔细分析并研究他们的成功案例，不断寻找自己与实战的差距，努力挖掘自己比其他同事突出的地方。一句话，利用分分秒秒把自己的工作做到最好！

为了实现梦想，在工作之余，他还挤出时间投入到最热爱的写作当中。每当夜深人静的时候，他忘却疲惫，在蜗居里放一点轻音乐，在键盘上行云流水、天马行空地挥洒着汗水。他常常觉得自己是一位纵横驰骋、呼风唤雨的国王，文字则是他任意驱遣的士兵……很显然，林浩的成功就在于他比常人付出了更多的努力。

过得好的人付出得多

我们刚毕业时可能一无所有，但若干年后你会发现，有的人成为社会的中流砥柱，过着让人羡慕的生活；有的人却依旧贫困潦倒，整日为生计颠簸。这其中的道理是什么呢？你细细琢磨就会发现，生存得更好的人是因为他们挥洒的汗水更多、吃的苦更多。

方向不对努力白费

有人看到这里可能会不以为然。在他们看来，只是简单照做仍可能会一无所获，因为努力不能偏失方向，否则只能空耗力气。

自从传言有人在萨文河畔散步时无意间发现金子后，这里便开始涌来自四面八方的淘金者。他们都想成为富翁，于是寻遍了整个河床，挖出许多大坑，希望可以找到金子。的确，有些人找到了，但是更多的人却一无所获，也有不甘心落空的，便驻扎在这里继续寻找，汉斯就是其中一个。

他在河床附近买了一块没人要的土地，一个人默默地工作着。为了找到金子，他已经把所有的钱都押在这块土地上了。埋头苦干了几个月，直到土地变得坑坑洼洼仍一无所获，他失望了。6 个月后，他连买面包的钱都没有了。

就在他即将离开的前一晚，天上下起了倾盆大雨，而且一下就是三天三夜。雨终于停了，汉斯走出小木屋，发现眼前的土地看上去好像和以前不一样了：坑洼的土地已被大水冲刷平整，松软的土地上长出一层层绿茸茸的小草。“这里没找到金子。”汉斯略有所悟地说，“但这里的土地很肥沃，我可以用来种花，然后拿到市场上去卖给那些富人。他们一定会买回去装扮他们的家园——这样的话，我一定会赚很多钱……”汉斯仿佛看到了希望，美美地自言自语道。于是，他留了下来。

汉斯花了不少精力培育花苗，不久地里就长满了各种各样美丽娇艳的鲜花。那些看到花儿的富人一个劲儿地称赞：“瞧，多美的花啊，我们从来没有见过这么美丽的花!”他们十分乐意来买汉斯的花，然后把家装点得更富丽堂皇。多年后，汉斯成为一个富翁，实现了他的梦想。

可见，汉斯实现梦想的条件就是付出，但不是无谓地付出，而是把努力用在了正确的方向上，最后如愿以偿。

我们没有必要抱怨事事不尽如人意，没有必要抱怨“付出不等于回报”，要想想，我们把付出用在了什么地方。只有那些肯脚踏实地地把时间用在所从事的工作上，充分运用自己的优势，刻苦钻研的人，时间久了才会得到想要的一切。而那些幻想一夜暴富、不懂得正确付出的人，往往活在“童话的国度”中难以达成所愿。

刚毕业时一无所有的我们，只有不存取巧、碰运气之心，懂得加倍付出，才会得到命运之神的眷顾，自然会过上自己想要的生活。

【小贴士】

初入社会，面对现实，只有找准目标加倍努力，经过时间的淬炼，由量变到质变，才会如愿以偿地实现理想。否则，企图一步登天，往往会希望越大失望越大。

定理2 不甘于平庸才会造就卓越

温饱无忧的生活、稳定平庸的工作，使当下很多年轻人觉得满足。可是他们似乎忘记了，世上所有的事物都是运动变化的，生活不会一成不变地按照既定轨迹发展，缺乏追求，甘于平庸，最后只能被现实击倒，被时代的洪流所吞噬。只有站得高、看得远，审时度势，未雨绸缪，然后伺机而动，才能最终立于不败之地。

敢于冲破平庸

从古至今，任何一位活得有滋有味的人，都是拥有不甘于平庸的念头；而那些碌碌无为者，之所以意志变得麻木，是因为他们安于现状，不思进取，始终无法超越自我。人要对生活有所追求，这样才能热血沸腾、干劲十足，加倍努力地赢得未来。

何永智是一位集团总裁，曾经当选为第八届、第九届全国妇联代表，她所创办的企业也跻身于“中国私营企业 500 强”的行列。何永智年轻时在一家制鞋厂工作，丈夫是电工，日子过得不富足但也安稳。可看似四平八稳的生活并没有让何永智满足，为了改变现状，她开始在成都租房做起了服装和皮鞋的买卖。

一开始，何永智的生意连连亏损，但她的信心没有被磨蚀，她始终坚信生意有一天会火起来。于是，她改变了经营理念，很快通过努力赚得了第一桶金，成了万元户。接着，她继续实践着自己的梦想，到 20 世纪 90 年代初已经在成都租下 2000 平方米的房屋，开设了第一家分店。

就算这样，何永智仍然不满足，开始寻找事业发展的另一片天地，她和天津火锅店合作，在北京、上海、广州、西安等地开起了火锅加盟店。而且，她还把生意做到了美国及其他国家，一举跨入亿万富翁的行列。

可见，何永智因为不甘于平庸、有理想、有事业心、百折不挠，才成为亿万富翁，过上自己理想的生活。

卓越来自全心付出

社会向来是公平的，睁开眼来，大千世界中每个人都活得不同。那些整日为生活奔波，却并没有想成为大人物念头的人，最终会在茫茫人海中归于平淡，碌碌无为地度过此生。

初入社会的年轻人，目前可能仅仅处于自给自足的状态，但即使是在平凡的岗位上，也要有不平凡的信念，胸怀抱负和理想，有不达目标不罢休的决心。

我们一定要踏踏实实做好每一件事，把走过的每一步都看作实现卓越目标的台阶，用尽心血去追求理想与目标。这样才能在平凡中不平庸，脱颖而出。

【小贴士】

一个人一旦内心接受甘于平庸，他的未来就注定要在碌碌无为中度过。要让人生变得有意义，让生活开始起色，那就从不满足现状开始吧！只要你的内心拥有这股不甘平庸的劲头，就可以开创一番不同的天地！

定理3 懂得为将来“投资”

当你挥霍青春时，是否会因为对现实生活迷惘不已而找不到出路？当你只愿顾及眼前，不愿思考未来时，是否会因为毫无人生规划而无法掌控自我？事物是变化的，未来是难以预测的，但这并不代表我们不能够提早进行部署，作出合理的规划。

要想有一个完美人生，就一定要懂得对自己的未来进行“投资”。你的投资可以和目前的现状毫无关系，但必须要和你的将来吻合。“投资”的内容可以是你的事业、你的生活，也可以是你的兴趣爱好。

“投资”有收益的“项目”

你的“投资”项目或能改善你的生活，或能为你赢得精神上的提升，再或者可以让你对这个社会和国家有所贡献。也就是说，在“投资”前一定要找准方向！我们有必要意识到自己该在哪些方面下功夫、哪些方面付出更大的努力。而且，我们要把投资用在正确的事情上，不然，就算你下了血本，也可能得不到想要的结果。

你应该知道自己将来需要什么。盲目的人将来会无所作为，一个不知道自己的路要往哪里去的人，又如何能过上像样的生活？又怎么会想到为自己的未来投资呢？一般来说，你的投资必须遵循你的本职工作。这个工作可以是你手头上的工作，也可以是你想要做的工作，即你将来能涉及到的可以谋生的工作。

找到一个正确的方法

我们不能安于现状，不能认为人生就只能这样过下去。可你想过没有，拥有财富的途径必须是正确的，既不能偷抢拐骗，也不可欺世盗名。这是投资的第一大原则——通过诚实劳动获取财富，如此你才会获得幸福，才不会落入法网或圈套。

一切欺骗、急功近利的做法都是昙花一现的。我们必须外修实在，内修灵性，通过各方面的努力去提升自己。你应该仔细思考将来要过什么样的生活。如果你现在还是一个打工仔，而你真正想做的是一名优秀的作家、一个出色的企业家，你就需要多看书、多接触社会，通过知识和实践对自己的未来进行“投资”。怀抱对未来的美好设想去努力实施，即使你将来没有成为名作家或企业家，也拥有了其他人复制不了的充实、快乐的人生。

最重要的是坚持不懈

人总是在实践中长大，可为什么有些人若干年后也未能实现当初的梦想，而另一些人却可以美梦成真呢？答案就是前者无法坚持自己的梦想。对自己未来的“投资”也是如此。

有一个年轻人想当一个作家，就开始在网络上写小说，并认为成了大家才是有出息的表现。然而，单纯的写作无法维持生活，为了生活，他只好放弃。但是，在做着其他事情的同时，他丝毫没有成就感。后来，他决定“重拾旧业”。随着日子一天天过去，他的水平越来越高，开始在网络写手中初露头角，而且慢慢地有出类拔萃的势头，他离自己的目标越来越接近。

只有在正确的投资上坚持到底，才不会使功夫白费。对于这一点，我们必要有明确的目标，不然辛辛苦苦地投了资，到最后却竹篮打水一场空。

【小贴士】

为将来投资，一定要投资到正确的事情上，

不可眉毛胡子一起抓，不然会收不到投资的效果；而要想找到有效的办法，除了要为想做的事情努力外，还要过好眼下的生活；除此之外，还要能耐得住时间的煎熬与寂寞的折磨。经过这一过程，一路走来，对将来精打细算的努力就会功到自然成——过上想要的日子。

定理 4　切莫荒废光阴

我们年轻时可能无法明白到“一寸光阴一寸金，寸金难买寸光阴”在现实生活中的意义，多半会为了生计不停地奔波，如果让我们在金钱和时间两者之间进行选择的话，我们往往会选择金钱。

荒废一时，毁掉一生

初入社会，我们每天不停地工作，只为了得到好的薪水、好的待遇。我们希望未来不再为生计担忧，过着衣食无忧的生活。可现实却让我们时常自怨自艾，感叹在家是掌上明珠的自己这样下去什么时候是个头呢？还不如坐吃山空来得痛快和惬意，于是“啃老”、“混日子”变成一些人理所应当之计。岂不知这样下去，固然可以获得一时的幸福，一生却会毁在这些无谓的享受中，使自己慢慢地变成了得过且过、懒散、醉生梦死的人。

“忧劳可以兴国，逸豫可以亡身”，同样，我们整天把自己沉浸在享受之中，无疑会使我们“亡身”。常听一些上了年纪的人感叹自己没在年轻时好好地珍惜光阴，希望生命可以轮回倒转，甚至后悔自己白白在世上走了一遭。“明日复明日，明日何其多。我生待明日，万事成蹉跎。”今天只有一次，错过了永远没有回来的可能。光阴一逝不复返，这是任何人也无法改变的。

让每寸光阴来成就自我

名人和平庸人之间的差别之一在于，名人在有限的时间内作出突出的业绩，而平庸的人却一辈子默默无闻地不做或者做着重复且没有意义的事情。其实，我们每个人在内心深处都渴望成功，因为成功意味着我们的生活、身份、地位能发生翻天覆地的变化，可以不用为生存发愁，不用在提心吊胆和幽怨中度日。

我们怎样才能在有限的光阴里获得成功呢？我们处在人生的黄金阶段，正风华正茂、意气风发，要从现在开始抓住一分一秒做好事情。今天的果是明天的因，不要错过宝贵的一分一秒，让每一秒钟都用得恰到好处，不至于将来后悔一辈子无所作为。

太阳每天都会升起，你昨天不消磨时光，今天就可能有好的收获；若碌碌无为地度过，今天可能就要去弥补昨天的过失，也可能因为某些过失而得不偿失。学习那些成功者如何在有限的生命里更好地生活，“欲穷千里目，更上一层楼”！

“业精于勤荒于嬉，行成于思毁于随”，请记住先人的教诲！

【小贴士】

人的生命有限，如果不趁着青春年少多做一些有意义的事情，就是在虚度光阴。我们应该从现在开始抓紧时间工作、学习，这样才不至于在失去之后后悔。

定理5 做任何事情都要规划与总结

凡事预则立，不预则废。我们一旦踏入社会，就不能盲目地做事，要给自己的未来明确制定一个规划，并通过及时的总结，完善自我的轨迹。

规划与总结是提升自我的快捷方式。

通过规划，我们可以明白该做什么、如何去做、何时做完；通过总结，我们可以明白为什么没有做好、怎样才能做好。可以毫不夸张地说，规划、总结可以完善思维、积累经验、提高表达能力，使我们在以后的生存中更好地活下去。

规划和总结与我们的生存息息相关

凡是上进的人都不想漫无目的地混日子，都需要有一个明确的方向，过一日算一日、混混沌沌过一辈子不是他们追求的生活。

初入社会的你如果现在正为生计而烦忧，初入职场的你如果正为无从下手而焦虑，你如果感到活得浑浑噩噩而无法抽身的话，那就开始做规划吧！先为自己分别设定2年、5年、10年甚至更长期的目标，然后把它们细化成几个阶段的计划，最后落实到每一天。那些我们每天都在做的看似简单、平淡的事情，在明确了目标后都会变得不再平凡，因为它们已成为你通往成功之路的一个个台阶，鼓励你坚定地走下去。而你在完成每件事之后，要作出总结。总结可以使你明白其中的失误，能让你在下次遇到相同的事情时做得更好。

规划有利于抓住机遇

初入社会的你也许总在迷惑：为什么有的人会获得机遇一朝功名在握，好像眨眼间就过上了他们想要的生活。机遇是为有准备的人准备的，那些人并不是一夜成名的。其实在没成功之前，他们付出了足够的努力。你也可以同他们一样成功，不过，如果你未能做好未来规划，就算机遇降临，你也会把握不住。

王琳毕业两个月了，但总觉得活得没有趣味。他不知道几年后是否还会过着这样枯燥乏味的生活。为此王琳每天无精打采，任凭时光从身边溜走。两年后，王琳还是像初入社会一样，生活依旧平淡而没有生趣。而他的大学同学，有的已经在事业上小有成就。当王琳询问他们成功的秘诀时，其中一位同学说，他渴望成为大人物，为了这个目标不停地努力奋斗，经历了各种困难和磨难才最终获得了成功。

有了规划还要按部就班地做下去，不厌其烦。对于不甘平凡的你来说，既然有了好的念头，就要一步一步地去实现。

总结是巩固成果的最后壁垒

我们达到某个阶段性目标后，还要注意不可高傲，不可自以为是。如果我们自满、骄傲，奋斗的动力就会消失殆尽，自然就会落于人后。这时，成功后的总结就显得尤为重要了。这个总结能让我们明白为什么能够获得成功，告诉我们还有哪些差距，更能避免我们满足于现状，使我们更好地前进，获得更大的发展。若不能在成功后及时总结其中的经验教训，我们就离失败不远了。而一旦失败了，你昔日的荣耀就可能被别人认为是沽名钓誉，再想从头来过就要付出更大的代价。

因此，在初入社会时，不能再像校园里那样盲目，要有自己的目标与规划，在实现一定目标后要再接再厉，通过总结保障自己的努力，踏踏实实地走向成功的彼岸。

【小贴士】

做事没有规划，就如同在汪洋中没有航向的小船，最终难免葬身大海的命运。我们一旦明确了方向，就要坚持走下去。我们在经过一番努力并获得成功之后，不可得意洋洋、居功自傲，要总结经验，明白怎样做才不至于从成功滑落到失败，只要巩固了今日成功，就会活得精彩。

定理6 成就大事要从小事做起

古语说得好："一屋不扫，何以扫天下?"意思是说：如果连小事都不愿意做，怎能干大事业呢?古诗里有云："不积跬步，无以至千里；不积小流，无以成江海。"这些用古人经验结成的智慧告诉我们，干什么事都不可能一蹴而就，没有人可以平地起高楼，空中楼阁只是海市蜃楼般的幻想而已。因此，我们要懂得从小事着手，这样才能干成大事业。

你是否也有过不把基础工作放在眼里、遇到问题不愿虚心讨教、得过且过不想做个"小跑腿"等等情况呢?那你有没有想过，你如果对生活和工作抱着这样的态度，会使自己在追逐梦想的道路上渐行渐远?因为你在与别人相等的时间里放弃了经验的积累、能力的锻炼，根本就没有给自己提高的机会，又怎么做大事呢?谁又会放心把一件重要的事情交给一个毫无方法和智慧的人呢?

小事情体现大品格

一个人如果能把小事做得圆满、漂亮，那么他从中不但可以得到满足感和成就感，同时还可以提高能力、积累经验。实践证明，那些好高骛远的人往往不如脚踏实地的人有更好的发展。从另一个角度来说，小事做得比较多，所花的时间和精力也就比较多，相应地得到的经验就会更加丰富，这样以后碰到大事才不会毫无头绪，不知如何下手。

所以，初入社会的年轻人在心怀大志的同时，还要通过小事积累实现大志的经验，完备个人综合素质。

20世纪60年代中期，一个女孩作为工农兵学员来到北京外国语学院求学。在班里，她年纪最大、基础最差，第一次上课就因为不懂而被罚站。但毕业时，她的成绩在全年级名列前茅。

毕业后，女孩被分配到英国驻中国大使馆做接线员。在那里，她把所有工作人员的名字、电话、工作甚至家属名字都了然于心。有时，别人打来电话不知道该找谁的时候，她都会尽力帮助解决。后来，使馆人员有事外出的时候，不是跟他们的翻译打招呼，而是直接给她打电话，请她代为应付一些私人事务。最后，她成为全面负责的“留言点”、秘书，得到所有人的信赖。

不久后的一天，大使跑到电话间，热情地赞扬了她——这是史无前例的事。而没隔多久，她就因工作出色而被安排给英国某大报的首席记者做翻译。这个记者是一位很著名的老太太，不仅得过战地勋章，还被授过爵位，最重要的是，她的脾气和本事一样大，前几任翻译统统被她赶跑了。刚开始时，老太太觉得女孩不够资格，对她根本不屑一顾，经过跟使馆再三商量，才勉强同意让她试一试。但在短短的时间内，老太太对她的态度就发生了惊人的变化，逢人就说“我有一个无人能比的好翻译”。再后来，女孩因出色的表现又被调到美国驻华联络处。她由于成绩突出，最后获得了外交部的表彰，成为圈内的名人。

可见，小事要想做好并不容易，需要的不仅是耐心、细心，还有一颗积极向上的进取心。因此，一个微不足道的细节可能会影响整个事态的发展方向。

态度决定命运

还有一点对年轻人相当重要，那就是一个人的所作所为最终会影响他人对自己的看法，而这种看法时间一长便会改变自己的一生。很多成大事者之所以能成功，就是因为他们从不放弃小事，而是从小处着手慢慢积累实力，由弱到强。很多政治家是从小职员做起，很多大将军是从小兵当起，很多大企业家是从小伙计做起，很多富翁是从一分钱开始攒起来的……这样的例子不胜枚举。

美国前国务卿鲍威尔就是这样一个人。他不断努力、重视身边小事、对工作投入百分之百热情，才从一个平凡的清洁工成长为万人景仰的国务卿。刚进入职场时，他唯一能做的工作就是清洁。但他并没有抱怨，相反，却把这样一份微不足道的工作做得有板有眼，而且在工作中不断吸取教训，总结经验。他甚至还研究出一个拖地板的诀窍，可以使地板拖得又快又好，省力又省时。这一切的努力并没有白费，他的老板一直关注着他。通过一段时间的观察，老板看到了鲍威尔的认真、细心，断定他是一个人才，于是破例提升了他。

多年后鲍威尔在回忆往事时说，他工作后积累的第一个人生经验就是从小事做起，对每一件事情都不能掉以轻心。

是啊，通过鲍威尔的故事我们可以感悟到，成功的机遇就潜藏在身边的小事中。大事情是由一件件小事情组成的，大机遇也分散在这一件件小事情当中。只有从小事做起，不放过各种锻炼的机会，才不会与机遇失之交臂，才会在社会中找到立足之地。

【小贴士】

脚踏实地地做好每一件细小、琐碎的工作，把它们作为锻炼能力、提高自己的机会，当成向更高目标迈进的踏板。一滴海水可以折射太阳的光辉，一件小事情往往蕴涵着一个大机会。因此，初入社会的年轻人一定不要眼高手低，这才是生存的不败法则。

定理7　有承受压力的心理准备

年轻人在学校里无忧无虑，有父母养着、呵护着，可一旦进入社会，就必须学会一个人生活，一个人去面对所有的困难，这时就难免会感到生存的压力。有些人因为一些困难、压力而打退堂鼓，逃避问题，结果一事无成。相反，那些面对任何压力都能游刃有余、披荆斩棘的人，往往会在克服困难后赢得成功。

承受压力是前进路上的不二选择

现在很多单位在招聘时都会提出这样的一个任职资格：能承受一定的工作压力。社会不同于学校，没有人可以一帆风顺。当你被生活压得喘不过气来时，当你遇到重重困难时，你唯一能做的就是去承受，因为抱怨无济于事，也改变不了任何现实。能够承受巨大的压力，有助于我们养成稳重的性格，可以磨练我们的意志，这对我们以后的工作、生活和学习将大有裨益。要知道，没有压力也就没有动力，没有压力就不可能获得更多更好的机会。而有了足够的应付各种困难的经验，我们就能在未来顺利地把事情办好；如果我们“不堪重负”，长此以往，将会一事无成。在你可以胜任别人无法完成的工作时，你就会懂得压力带给你的成就感。

在压力面前停一步就是退两步

面临生存压力时，如果你放弃了努力，整天抱怨不迭，满眼看到的只是生活的阴暗面，活在不快之中，就会养成消极的性格，影响未来人生道路的发展。若你逃避它，假装看不见，就会在两肩轻松中养成懒散、得过且过的习性，依靠别人过活，如同寄生虫一般，很难有大的作为。

卸掉包袱

春天的一个中午，一头驴子要搬家到河对岸。它驮着沉甸甸的粮食和干草来到石板桥上，由于河水湍急，再加上桥高，驴子心惊胆战，一不小心把肩上的一些粮食抖落在了石板缝里。驴子赶紧放下粮食和甘草，准备去捡掉落的粮食，谁知那些粮食顺着石板滑落到了河里，驴子马上来到河岸边，可是河水哗哗地流个不停，它不知道粮食被冲到哪里去了。驴子闷闷不乐地回到石板桥上，又背起粮食和甘草继续过桥。谁知，它一脚没站稳，跌倒了，身上的一些甘草又掉落到了河里。驴子马上又下桥去寻找甘草，可是甘草早被冲得远远的。驴子伤心极了，在那里哭了起来。这时，路过的斑马听到了，问驴子："你怎么啦？老弟，何事这么伤心？"驴子说："我准备搬家到河对岸，没想到身上的行李掉了一些，掉到河里永远也找不到了。"说着，驴子又哭了起来。斑马说："那是好事啊，老弟，我看你刚才过桥时很吃力，现在你过桥时不是很轻松吗？"驴子听后，果然觉得身上轻松多了，就雀跃着、高兴地过了桥。

驴子因为掉了一些"行李"而痛苦，但正是因为那些掉了的负担驴子身上的压力才减小了，它才能轻轻松松地过桥。

基于此，我们有必要明白，当身上的压力过重时，就有必要卸掉一些，这样我们才不会被压得步履维艰，才可轻松前进。

哭可以释放压力

邹雄彬是一个坚强的 27 岁男生，别人都认为他是一个男子汉，都对他翘起大拇指。然而，邹雄彬并不是一个"只流血不流泪"的人，他在痛苦或承受不了压力的时候，就会到公司附近的山坡上放声痛哭。这样，哭化解了他的不快，他再次回来的时候就会变得轻松睿智起来。

邹雄彬不让别人看到自己哭，是一个坚强的男生。要是我们两只眼睛都哭成了“樱桃”，满面泪痕的，怎么能不让那些爱着我们的人担心呢?

为了自己，也为了那些关心我们的人，我们可以哭，因为哭可以让不快化为乌有，但哭一段时间就可以了，你会发现人生中没有什么不能放下的。这样，心里豁达一点，就会快乐一点。

【小贴士】

初入社会，我们要做好承受各种压力的心理准备，不能像鸵鸟埋头沙漠般逃避。我们必须学会背负着压力成长，但有些压力需要卸掉，要学会减压的一些方法，这样才能够生活得轻松、自在。

定理8　养成独立自主的习惯

初入社会的年轻人一下子要独自奋战，一时间会无法适应没有父母呵护的现状。虽然面对孩子“受苦”，家长们大都不会袖手旁观，但这把大“保护伞”不会跟随我们一辈子，我们一定要适时独立出来，接受社会的风吹雨打。

这个社会竞争十分激烈，你要想更好地活下去，必须养成独立自主的习惯。那我们如何才能养成独立自主的习惯呢？

我们不再是个孩子

由于人生阅历不同，相对于城市里的独生子女，农村孩子显然更能适应独立生活。最重要的一点就是，要在思想中摆脱“自己是个孩子”的念头。脱离了这种依赖思想，我们就不会埋怨人际间的冷漠，不会抱怨现实生活的不可理喻，因为我们是成年人，没有理由再依靠他人，能养活我们的只是我们自己。只有靠自己生活下去，这才是对父母、老师、社会的最好报答。

自己拿主意

必须学会用自己的方式来处理问题，并能顺利地解决困难；在没有人照顾你的时候，学会照顾自己、保护自己；不要期望任何人会给予你帮助，因为别人没有义务帮助你；学会一个人去承受压力，才可以在挫折、坎坷中不断长大，成就自我。

做最坚定的强者

拥有独立自主习惯的人，不会像一辈子躲在别人羽翼下的人那样心灵脆弱，没有大作为；他最终会成为一个强者，在芸芸众生中脱颖而出，通过自己的打拼更好地生存下去，最终赢得属于自己的事业和人生。

如果你是渴望成功、渴望事业的人，如果你是想过一个精彩人生的人，那你就要懂得这样的未来是不能靠他人来给予的。因此当你在为生计烦忧时，当你抱怨父母不能给你提供更好的条件时，请静下心来，不要放弃命运给你的各种机会，而应该坦然面对，继而敞开胸怀，翱翔搏击！

【小贴士】

初入社会的年轻人有必要养成独立自主的习惯，靠天靠地不如靠自己。只有独立了，有了独立性，才能开创属于自己的事业，否则只能活在别人的阴影下，很难找到属于自己的一片天空。

定理9 对自己有高标准要求

想成就一番事业的年轻人都有自己的目标，有了目标才会去追、去努力。每个人所取得的成果都是不一样的，那是因为每个人对自己提出的要求是不一样的。对自己提的要求越高，就越有可能获得好的结果。

每个人的潜能都是无穷的

做事情时，究竟能够发挥出多少能量，就要看你对自己的期望值有多高。如果我们对自己的要求是上等的，往往会获得上等的结果；如果我们的要求是中等，往往获得的是知足者常乐的生活；如果我们的要求是下等的甚至没要求，那往往会一无所获。

要做就做到最好

我们对自己提出高标准的要求，可以促使自己全力以赴地做事情，为自己提供一份拼命往前的动力，以致实现目标。

杨开放是一位影视演员，他从涉足影视圈开始就把自己定位为一名杰出的演员，于是就按照杰出演员的标准来要求自己。他在出演电视剧、电影时，不论角色多么小，都竭力去把它塑造到位，达到艺术上的最高标准。虽然因为种种客观原因，杨开放并没有出演过多少优秀的影视剧作品，但随着演技水平的逐步提高，他成功塑造了一些角色，并得到某些导演的赏识，摆脱了跑龙套的日子，逐渐出演了戏份比较多的角色，向着更高的目标迈进。杨开放逐步成功的过程，就是逐步达成自己提出的高标准要求的过程。

不能偏离方向

对自己有高标准要求，并不是对自己进行精神压迫，这种要求是要有现实依据并经过科学分析的。正确的高标准会让你在艰难困苦面前不退缩，不畏惧失败，能够在冷静和理智的指导下实施自己的方案，勇往直前。如果你现在的月薪是2000元，你可以要求自己在两个月之后提高业绩使之达到2500元，一年之后达到5000元，这是完全有可能的。但你也要知道，实现的过程会是艰苦的，但如果你挺不住，最后所有的规划都将化为泡影。

总之，对自己提出高要求后，就要付出百分之百的努力。任何人都希望追求快乐与幸福，为了达到这个目标，应重新审视自己，为自己的心灵打开一扇窗，让它在拼搏和付出中得到成长。

【小贴士】

要对自己有高标准要求，不能给自己的失败找借口。拿出你的行动来，没有奋斗，再高的标准也会成为空想。为了我们光明的未来，收拾好心情，去尽情享受汗水浇灌出的甜美果实吧！

定理10　勇敢去冒险

冒险精神是所有年轻人都应该具备的，因为年轻的我们需要感受生活中的各种新鲜事物，尝试不寻常的路，从中开拓自己的眼界，继而在创新中走向不平凡和成功。

墨守成规是我们的通病

怀有强烈的求知欲是年轻人的本能，但长辈们在耳边的谆谆教导、身边亲戚朋友的"前车之鉴"，会让年轻人对未知世界退避三舍，选择继续待在舒适安逸的现状中，很难有大的作为。风险往往与收益成正比，如果没有冒险的精神，只是得过且过，我们的人生就很难有起色，之前设定的目标也将全部白费。

悟出冒险的含义

冒险精神不能简单地被理解为敢做别人不敢做的事情。那些被人崇拜、有所成就的英雄和模范人物身上，往往有一种探索世界的勇气，一种勇往直前的精神，因此冒险说到底就是人类最宝贵的不服输、追求到底的精神。生活难免会起波折，人生难免会起起落落，我们要在冒险中勇于超越自我，比别人多加探索、发现，为自己平淡的生活增加靓丽的色彩。

冒险有助于创造新的人生

虽然我们很难成为英雄，但冒险精神对我们来说不可或缺，没有了冒险精神，我们的人生就很难有重大的突破。初入社会时，敢于冒险会让我们的性格变得刚毅，不轻易被眼前的困难吓倒，勇于到别人没有去过的领域发现、探索，具备创新、尝试新鲜事物的精神。而那些新鲜的事物，有的可以促进人类历史文明的发展，有的可以使我们获得殊遇，使我们的人生发生质变。

具体到生活、工作当中，你可以在发现公司的制度不够完善、工作方案不够合理时，去找老板商量，大胆地提出你的意见，就算它是错误的，老板也不会埋怨你，毕竟你青春年少，而一旦你的意见得到有效实施，老板将会对你刮目相看。你也可以为了自己的理想去冒险创业，生意可能会亏本，可如果连尝试都不敢的话，你将永远无法知道自己行不行。

要坚持不气馁

你在尝试新鲜事物接连失败时，不要灰心丧气。爱迪生失败了上千次才发明了电灯；“打工皇帝”唐骏当初想在外闯出一片天下，被别人认为是痴人说梦，可结果他成功了。成功与失败并不是绝对的，只有敢于冒险，才能在上千百次的失败后获得成功；而被失败吓倒，就很难再站立起来获得最后的成功。

坦然地面对非议

当你在冒险中遭到别人的非议、排挤时，你要走下去，让别人去说吧！徐霞客在各种非议中最终写出了《徐霞客游记》，成为伟大的地理学家、旅行家和探险家；瓦特在祖母的嘲笑中大胆地凭借对蒸汽顶开茶盖的好奇心发明了蒸汽机。我们要勇敢去冒险，不要在意别人怎么说，只有自己行动起来，才有可能实现常人眼中的“不可能”。

【小贴士】

冒险需要一种勇气、一种胆识、一种谋略，我们应敢于冒险去尝试新鲜的事物，提出自己的意见，才可能在常人中脱颖而出。不要墨守成规，那只会让你裹足不前。冒险能使我们的生活更多姿多彩，冒险能使我们经历人生的喜怒哀乐，最终达到事业上、爱情上的美满。

定理11　磨练自律性

初入社会的你，肯定会遇到一些不愿做但又不得不做的事情。在这种情况下，人往往会表现得比较烦躁，不愿静下心来继续下面的工作，可是心里又非常清楚逞一时之快的后果。这时你有什么好办法让自己摆脱这种困境吗？那就得依靠自律！

自律是意志力的体现

自律中的“律”是指约束。试问什么时候需要自我约束呢？那就是在想要放纵自己的时候，在意志力薄弱、骚动不安的时候。如同水会往地势低的方向流一样，人如果想走下坡路是不用刻意去学的。可是这样做的后果就是你的生活会陷入困境，人生也会毁在自己手中。

有一个青年演员特别爱喝酒，经常找三五个朋友喝得酩酊大醉。他也知道，喝酒既浪费钱又对健康不好，但他控制不了自己，认为自己还年轻，多喝酒没有什么大不了的。

几个月后，医生查出他患有结石，需要及时开刀，不然后果不堪设想。这时候他才后悔了，既错过了一次出演难得角色的机会，又要花费金钱在医院里活受罪，可谁叫他不能约束自己的不良行为呢?

可见，很多时候，自律是与意志力紧密相连的，磨练自律性也就是在磨练意志力。

磨练自律性需要技巧

磨练自律性是充满技巧的。你可以在规范自我行为时，在内心暗示自己一定可以做到，为自己加一把劲；也可以把自律看作是一种推进成功的行动能力，积极地把想法变成实践。你可以先从生活中的小事做起，这样日积月累形成了动力，你就会把自律当成习惯。例如，每本有关业务的必读书你读不了十页就放下，再也没有阅读的欲望时，不妨每天为阅读设定一个专门的场景，可以从睡前半个小时开始，如此一来，就算是一本书读了三个月，对你来说也是一个不小的改变了。逐渐地，你的自律性就增强了，进而在你的血液里形成一个新的行动准则。

后天磨练更关键

自律性不是天生的，每个人都可以通过后天的实践来培养。看看那些稳若泰山、宠辱不惊的强者，他们能在没有他人督促的情况下出色地做好事情，不需要别人给予任何压力。

鲁迅说："我哪里是天才，我是把别人喝咖啡的时间都用在工作和学习上。"的确，我们要想生活得更好，就要磨练自律性，把分分秒秒都利用起来。

男孩的哥哥贫困潦倒，挣了钱就吃喝玩乐，钱花完了再四处奔波去挣，永远一副为生计犯愁的模样。为了不重蹈覆辙，男孩走向社会之后，并没有像其他年轻人一样得过且过，在闲暇时间他做了很多力所能及的工作。就算再苦再累，男孩也不敢放弃，因为他知道，万一像其他人一样随波逐流，他将来的生活就可能像哥哥一样每天为生计担忧。想到这些，男孩自觉地约束着自己的所作所为。5 年后，在其他人还在为工作每天奔波时，他却有了一定的积蓄，有了一份事业，买了一套房子，娶了一个漂亮的媳妇。

男孩为什么会比其他同龄人生活得好呢？想必你已经明白，因为他知道约束自己的行为，通过自律在别人无聊的时光里做好下一步的工作，踏踏实实、稳稳当当地过着每一天。

很多时候我们散漫惯了，领导不在身边时，往往会无心工作，干着额外的事情。这样，在工作的时候不去工作，工作效率就会很低，我们也就很难达到老板的要求。那些知道适时约束自己，无论是否有压力都能泰然做下去的人，往往比我们更受欢迎，更能赢得生存的机会。

只有在年轻的时候养成自觉约束的习惯，你才会在以后的日子里很好地约束自己的行为，否则管不好自己，你就会随大流，无所作为。

【小贴士】

年轻人要能够约束自己，要能够在没有他人督促的情况下做事情。比别人付出的多，比别人有自律性，就可以在任何环境下把事情做好。我们是自我最好的救星，我们有信心可以更好地掌控自己，比别人做更多更有效的事情，这样才会在将来过得舒坦，而不至于像别人一样忙了一辈子，一生都活得很累。

定理12　认真做好每件事

认真是把事情做好的不二选择。可是在很多人眼中，这两个字却是很不起眼的，他们从来没有把它当作衡量工作品质的标准之一。然而，很多初入社会的年轻人都忽视了它的存在，甚至忘记了它对自己起着重大的作用。

不愿认真是因为害怕太累

很多时候认真做事对我们来说，不是一个轻松愉快的过程，在履行它的时候需要高度的责任感，这让很多人觉得耗费心力。他们总是在想：敷衍就可以交差的事情，为什么要花费几倍于它的时间去完成呢？剩下的时间吃吃喝喝不是很好吗？

一位刚大学毕业的男生应聘到社区工作，最初分配给他的活儿是送水。起初，他很用心卖力，但后来他感觉这样太累，所以每次居民打电话时，他都行动怠慢，渐渐地，居民们对他不满起来，男生被炒了鱿鱼。可见，做事不认真就很有可能养成三心二意的坏习惯，到头来事情做得漏洞百出，终是一事无成。

因此，认真是一种生活态度，甚至是一种生活方式。也许作为一个平凡的人，我们没有轰轰烈烈的人生，但认真却可以让你做的每一件小事具有最崇高的价值。企图通过“快捷方式”坐享其成、获得成功，往往是痴人说梦。

认真付出可以得到大收获

我们自从走向社会，就必须要做很多事情，有的人把事情做成功了，有的人却把事情做失败了。做成功的人可以顺利地拿到报酬，坦然地生活下去，而失败的人则可能面临生存危机，因为有谁会愿意雇佣一个做不好事的人呢？可见，踏实认真地做好一件事情，对于初出茅庐的我们来说是多么的重要。

当然，没有人是天生的幸运儿，会事事如意，不用付出努力就可以得到成功的机会、掌握成功的钥匙。我们总有失败的时候，但失败了不要灰心丧气，要勇敢地坚持，把事情认真地做好，等待出现转机的那一天。

美国加利福尼亚州有一位辍学打工的男孩，由于少不更事，他经常在店里做错事。为此，老板不知道批评了他多少次。可是，男孩虽然拼尽全力去做每一件事，却依然没有改观。老板很失望，但他看到了男孩那颗奋进的心，于是默默地给他机会。男孩明白，只有把事情做好、做成功，才能对得起老板的良苦用心。又是几年过去了，通过不懈的努力，男孩不断改进工作方法，把店里的事情做得越来越完善，不仅赢得了顾客的赞扬，还让老板对他刮目相看。

这个男孩曾经随时面临丢掉工作的危险，但是他用认真挽救了自己。

只有把事情做好，才能赢得别人的信赖，赢得进一步的生存与发展空间，成功的到来也只是早晚的问题。否则，凡事马虎，就等于断了自己的退路，到头来空悲切，心中的无奈和辛酸只有自己知晓。

只有春耕秋收，才不至于在冬天饿死。

【小贴士】

如果你心中没有“认真”二字，做事情总是一塌糊涂，那从现在开始就让自己认认真真地做好每一件事情，要求自己出色地完成公司交给的任务，最终你会知道，得到最大收益的永远是自己！

定理13 在工作中修行

多数年轻人会我行我素

俗话说：三百六十行，行行出状元。可现在初入社会的年轻人基本都是独生子女，从小生活在相对孤立的环境中，做的是自己心中想做的，就算不合时宜家里的长辈一般也会听之任之，因此难免会养成特立独行的“个性”，做事情都是按自己的思维方式去进行。他们一旦去做自己不喜欢的事情，或去干不认同的工作，就会产生逆反心理，以至于蹉跎岁月、随波逐流，甚至自暴自弃，浪费了大好时光。

要做好目前的本职工作

年轻人初入社会有必要知道，在工作中既不能好高骛远，也不能沉湎于过去。在还没有能力获得更好的工作，或做自己喜欢的工作之前，应该做好眼前的工作，无论何时都要从眼下着手。在这个竞争激烈的社会，今天是明天的基础，把握不住现在就等于失去了成功的将来。你一定要把眼下的工作当作一种考验和修行。

小彪在一家公司上班，总是今天的事情今天完成，即把领导交给的任务按时或者提前完成。为此，老板很器重他，小彪的业绩也逐步攀升。三年后，当小彪已经升为公司主管时，与他同在一个起跑线上的同事，因为拖拖拉拉、消极工作，依旧像三年前一样很难看到未来。

人就是这样的，要在工作中去感悟人生。很多人都不满足于目前的状况，然而要想将来过得更好，有必要做好目前的自我。把今天的事情完成，不光是为了交差，也是为了明天做铺垫。

做好该做的事情

历史中不断上演着很多追悔莫及的惨剧。许多帝王在登基后骄奢淫逸，过着花天酒地的生活，而一旦国破家亡、外敌入侵，他们便品尝到断头的滋味。如果他们当初励精图治，国家会在他们手中被断送吗？商纣王帝辛、隋炀帝杨广，都是没有做好自己该做的事，才身败名裂被万世唾弃的。相反，那些圣明的君王，在吸取前车之鉴后励精图治，才把国家治理得繁荣昌盛，人民得以安居乐业。

把眼前事做到完美

要在工作中修行，把眼前该做的每一件事都做得完美。没有人可以一口气吃成胖子，也没有人可以一步登天，达成自己的心愿。为了不至于两鬓斑白时还在为生计奔波，为了能够在洪洪人流中争得一席之地，为了无论将来发生什么事情都能够遂心应对，我们要在当下的工作中好好地磨砺，为将来打造一片明亮的天空！

【小贴士】

年轻人要做好当下，不必为现在的不尽如意而埋怨自己，因为现在的不如意是过去没有做好的结果，而为了明天不重蹈覆辙，有必要在工作中修炼，如此才能在若干年后在这一行里有所成就。当然，你也会因此比别人多几分舒坦、少几分劳累，多几分收入、少几分疲惫。

定理14　改变不了就接受

常常听初入社会的年轻人抱怨生活不尽如意。在万事不如意时，有种强烈的本能告诉我们要去改变。可如果这种“不如意”是一种客观条件下的现状，那最理智的做法就是接受了。有时，接受能让我们暂且避免对现实无法释怀的不满，能让我们静下心来进一步做好眼前的事情。

理想和现实是有差距的

世事难料，并不是所有的事情都能达到我们的理想与预期。在二者产生矛盾时，我们是要理想还是接受现实？也许它们之间并没有那么矛盾对立。

有一位青年很有文采，很爱写诗，在大学里写了不少优秀的诗歌，获得了很多奖项，他最大的愿望就是当一名优秀的诗人。然而，踏上社会，他知道光凭那些诗是无法养活自己的。青年很苦恼，但理智战胜了情感，他决定暂时放下写诗，而是利用自己文字处理的优势，找到了一份跟写作有关的工作——在报社做编辑。

青年能够维持生活后，并没有忘记自己的理想，他不想一辈子无所作为。青年发现写书是个不错的选择，于是开始学着撰写生活类的图书。由于知识广博，再加上生活逼迫，他不得不在三个月内把书稿完成，然后投给了出版社。他写的书很不错，出版社觉得有销路，决定出版。后来，青年成为一位畅销书作家，活得很幸福、富有。

要是青年坚持写诗的话，可能早已无法生活，好在他知道对于无法改变的现状应适时“接受”，这样才能安然地生存下去。

接受的反面是改变

“接受”的另一面便是“改变”，只有按照现实去改变自己的行为，才能柳暗花明，绝处逢生，让我们在失望中看到希望，从困苦中走出来，迎接曙光。

一位刚刚毕业的女大学生一直想做一份高薪的工作，然而每月不足1500元的工资，却是她努力了好长时间才争取来的。她为此很气愤，认为付出与回报不等，自己应该拿更高的薪酬。然而她这样抱怨着，现状却始终没有改变。后来她挣扎了良久，觉得与其埋怨不迭，不如接受现状。于是，她安心地做着只有低薪的工作，很认真也很细致。两年后，她的工资已由当初的1500元上升到5000元，她的付出得到了回报。

如果这位女大学生一再抱怨现状，而不试着努力改变，她很可能在意志消沉中给自己戴上镣铐，继续在低谷中徘徊。

对于涉世未深的年轻人来说，接受不是一件容易的事，改变也不是一件简单的事。接受是一种低姿态，能使我们更好地养精蓄锐，避免一些不必要的干戈与麻烦，以及那些毫无意义地对生命的消耗。

人生就是这样，常常要在改变与接受中度过。如果你改变不了，那就接受吧！接受能让你更好地生存下去，不会因为无法改变的事情而怨恨终生，最后裹足不前，丧失了前进一步的生存机会。

【小贴士】

改变是一种生存智慧，接受也是一种生存智慧。当我们伤痕累累却仍沓无预期时，就应该学会接受。接受能使我们更好地生存，不会为了改变不了而在心力交瘁中度日。

定理15 把握主动才会赢得时机

我们能获得成功，除了先天的条件、自我的努力外，另一个重要的因素就是时机。在年轻人眼中，时机总是让人捉摸不透，他们希望自己“幸运”，想抓住一个重要时机让自己的人生来个彻底转变，但这是很难的事情。

不要抱怨，时机对每个人都是均等的

时机转瞬即逝，错过了便不会再来。我们时常抱怨为什么时机偏爱某些人，而唯独漏了自己，以至于埋没了我们的才干，让我们永远停留在庸人的角色中。

可是你有没有想过，时机是均等的。如同上天给了每个人相同的构造一样，它也同样给了每个人应有的机会。只是有的人抓住了那万分之一的机会，有的人却让它“明目张胆”地从身边溜走。

时机偏爱有准备的头脑。如果时机来到你面前，你是否保证能认得出它呢？如果答案是否定的，那你唯一能做的就是充实头脑，为抓住时机做应有的准备。王昭君当初在汉宫里忍受了无尽的寂寞，她不希望再这样活下去，于是在匈奴和亲时，她做了很多努力，得到汉元帝的厚爱才得以出塞，从而在历史上留下美名。要是王昭君只是一个甘于寂寞到老的宫女，她就不会在匈奴和亲时自告奋勇，改变自己的命运了。这说明抱怨不公是没有用的，关键是要有一颗时刻准备捕捉时机的心，这样才能在关键时刻转变命运。

机会对每个人都是均等的，纵然是千载难逢，可哪怕是万分之一的概率，都值得我们去抓住。

史泰龙曾经应聘失败了数千次，最终被一位曾经拒绝了他 20 多次的导演“相中”。导演让史泰龙出演他剧本中的男主角，但只答应先拍一集。如果成功，他就给史泰龙提供更大的发展机会；如果不成功，他也爱莫能助。史泰龙抓住了这万分之一的机会，在这部电视剧中成功地塑造了一个硬汉形象，一炮走红。

有人说史泰龙为这一时机准备了三年，他才如此成功。的确，如果没有千百次的准备，机会难能可贵，他怎么能得到呢？

机会要主动去创造

时机难得，我们除了要有准备的头脑外，还要善于发现时机，甚至要勇于创造时机，而主动出击便是最好的策略。

一位女孩去应聘秘书，经理说三天内给回复。但是，女孩等了三天却没有接到经理打来的电话。女孩猜想，可能没有被录用，但抱着侥幸的心理把电话拨了过去，询问经理具体的情况。恰巧，在这位女孩拨打电话之前，经理要录用的另一个女孩被其他单位以高薪聘走了，经理正愁没有合适的人选。接到这位女孩的电话后，经理如释重负，虽然感觉女孩的条件不能令他完全满意，却是他招聘中最为优秀的一个了。所以经理打算给她一次机会，女孩顺利地得到了这个职位。

如果女孩没有去打这个电话，她又怎么能如愿以偿呢？

年轻人初入社会，有必要主动寻找机会，无论是在工作当中还是在爱情当中，都不要太过被动。要知道，老板不喜欢逆来顺受的人，也不会把重要的工作交给消极懒怠的人。而在爱情中，空等白马王子或白雪公主也是没有任何结果的，如果我们遇到了喜欢的那个人，就去争取和他相伴一生的机会吧！

【小贴士】

机会对每个人来说都是均等的，但来也匆匆去也匆匆，我们只要抓住万分之一的可能，便会使生活质量瞬间得到提高。很多涉世未深的年轻人不愿意主动争取属于自己的时机，既可能是碍于情面，也可能是缺乏眼光。因此做好充足的准备，把头脑磨练得敏捷、睿智，才能在时机到来之时一击即中！

定理16 做可以胜任的第一份工作

生存依赖于劳动，一个人自进入社会起就必须工作。现在的社会是个竞争激烈的社会，每个工作岗位上都同时有十几个、几十个人在竞争。年轻人如果没有突出的优势，找不到理想的工作该怎么办？那就找个自己可以胜任的工作认真地做下去，再逐渐实现梦想。

让自己拥有足够的历练

遭遇了找工作的挫折，你有没有想过究竟是什么原因呢？是自己不够优秀，还是这个岗位需要更有经验的人来做？如果是自己不够优秀，那就加紧人生的第二次学习——在工作中完善自己，钻研业务，提高能力。如果是岗位不适合，那就先找一份适合自己的工作，把手头的事情做好，逐渐积累经验，以备将来接受更大的考验。

不要以为做简单的事情就是没有出息，事情虽然简单，但做不好依然会失败。一件小事的圆满完成，会让你一通百通。而且你在初入社会之时，不可能一下子胜任巨大的工作，也不可能一下子如你所愿做自己喜欢的事情，这时做事的心态就很重要。

一位男生刚刚大学毕业，四处碰壁，找不到理想的工作。男生灰心丧气的，眼看从家里带来的钱所剩无几，人越来越心浮气躁。男生硬着头皮，隐瞒着亲戚同学，在一个菜市场的管理处打起了工。想到自己这样一个高材生沦落到这般田地，他心里很不是滋味，然而如果他不继续干这份工作，生存就会面临危机。

于是，男生埋头苦干，虽然并不心甘情愿，但渐渐地，有了点工作经验，积攒了一些钱，生活的状况也有所改善。他的梦想是在繁华的街道开一家大型的连锁超市，然而男生觉得自己单干风险太大，于是在一个恰当的时机，他到一家大超市去当基层管理人员。两年后，男生不但从书本上学到了有关超市经营的理念，而且在现实生活中摸清了超市的经营方式，积累了大量的人脉资源。时机成熟之时，他毅然辞去现有的工作，着手实现创业梦想。

这个男生起步并不如意，但他选择了一条正确的创业之路——踏踏实实地做当下的工作。如果一个人连喂饱自己肚子的能力都没有，又怎么能施展远大的抱负呢？因此，“生存才是硬道理”。只有很好地生存下去，才能积累经验，一步一个脚印，实现理想。

要是对自己不愿意做的工作嗤之以鼻，总认为自己是做“大事”的人物，结果错过了一些机会，让生存陷入了困境，那还有什么资本去谈论自己的能力和脚下要走的路呢?

当然，不是说为了吃到一口饭就要盲目地去找工作。如果一开始不能幸运地找到感兴趣的工作，那就先试着找一份适合的工作。只要可以最大程度地发挥自己的潜能，让你的价值得以体现，这又何尝不是一件乐事呢?

成功的天梯要一步一步向上爬

凡事不能一蹴而就，必须一步一个脚印，妄图一下子就达到目的，往往会因为根基松软而一下子跌落下来。这就如同爬山，只有从山脚一个台阶一个台阶地往上爬，才能爬到山顶。同样的道理，如果可以胜任的只是小职位，纵使以前拥有多么大的愿望也要放下，尽职尽力地完成自己该做的，充分发挥自己的才干，把它当作自己往上“爬”的阶梯。

有个年轻人梦想当一名科学家，有伟大的发现，获得诺贝尔奖。可是他不甘心在目前的公司里做着基础的研究工作，总希望一下子就可以获得伟大的成就。结果，他整天活在憧憬中，不但束缚了发展，也没有把本职工作做好，最终被老板扫地出门。

这个年轻人有可能像牛顿那样在偶然的机缘下有大的发现，但他不知道偶然的背后却是辛勤的付出，而坐等时机降临的他只会像守株待兔那样空手而归。这个年轻人如果安心于做眼前看似简单的事情，一步一步地去实现自己的理想，或许还真的有获得诺贝尔奖的可能。只可惜他不愿意从简单的事情做起，总认为自己一下子就可以成为大人物，岂不知那样的希望微乎其微，只会毁了自己。

在等待中让自己变得强大

年轻人现在没有能力胜任大事，并不代表以后不行，能力是可以随着经验的累加增长的。现在你要做的就是在工作中不断超越自我。也许有人会有疑问：这样慢腾腾地做事，何时才能做成大事情呢？可是，你有没有想过，在做事情的过程中，需要明白其中的每一个环节，应对随时出现的差错。如果连这种能力都没有，那么谁又能放心把大的事情交给你做呢？

年轻人初入社会时有必要明白，在成为大人物之前，往往需要做一些平凡、琐碎的事情。只有把简单的事情做到了最好，才能从简单的事情中作出大的成就，继而不平凡。像成吉思汗，胸怀天下，要是他不经过南征北战，一年一年地在沙场上拼搏，大元王朝又怎么可能达到以后的辉煌？

因此，年轻人初入社会，有远大的理想固然重要，想做大事也值得敬佩，但前提是从胜任的工作做起，否则，大事没有做成，还会使自己陷入生存的困境，连成就辉煌的基础也一并丧失了。

【小贴士】

如果第一份工作不是自己想要做的，却是自己可以胜任的，那就代表这是目前最适合你的工作。没有十全十美的人生，同样，也没有不劳而获的拥有。年轻人都有远大的梦想，都想做成大事，那就应该踏实地做好第一份工作，不要轻视眼下的每一次实践的机会。

定理17　抱着为自己工作的心态

初入社会的年轻人常常觉得自己只是个打工仔，为别人工作，又何必那么认真地对待呢？所以，这样的人往往事业上难有成就，却不知原因出在哪里。这就是很多人在自主创业时，不能完全发挥才干，把工作做得尽善尽美的原因。试想，如果目前你没有机遇去自我创业，却把当前的工作当作自己发挥才干、展现价值的舞台，那效果会不会与“为自己工作”一样呢？

摆正自己的心态

究竟抱有何种心态面对社会，关键还在于自身。我们确实在起步阶段是一名打工仔，但是很多卓有成就的人物都是从最基层的工作做起的。他们没有把目前的状况看作是可有可无的，而是全力以赴地去做好它。

我们不可以对工作敷衍了事，有一句话常说“小空间，大舞台”，可见为谁做事并不重要，关键是你怎么对待自己的工作。

服装设计大师皮尔·卡丹年轻时为了生计曾做过裁缝学徒。23岁时他又到当时法国著名的帕坎时装公司当学徒，凭借着刻苦努力和天生的聪慧，逐渐站稳了脚跟。一年之后，皮尔·卡丹以优异的成绩受到当时法国最有名的时装公司克里斯蒂安·迪奥公司的聘请，担任其服装设计师，并由此发展起来，最终创立了自己的品牌和公司。

可见，初入社会时为别人打工是很多人避免不了的。但是，这份工作你是否做得好，是否得心应手，能否从中学到东西，增长技能，这就要看你的心态是否摆得正了。

工作是为了自己

人活着是为了使自己的需求得到满足，为自己而活是人与生俱来的本能。把工作做好，为公司创造效益，可以升职、加薪，最终得益的人还是自己。

很多管理者喜欢那些把工作当成自己的事情来做的人，这些人会尽职尽责地完成工作。他们宁愿花费大价钱也要把他们留下来，并进一步地为这些人提供更好的发展空间，因为公司的发展离不开他们。

可见，为工作付出辛勤汗水的人会赢得别人的尊重与认可。我们在现阶段可以没有自己的公司，没有自己的事业，但要想获得发展，就必须先为别人工作，学习他人的经验，提高自己的生存技能，为以后的发展做铺垫。

我们有必要从现在开始放弃为别人工作的心态，即使你可能一辈子要为别人工作，但只要心里保持着为自己工作的想法，就会奋发向上，从而做得越来越好，打拼出属于自己的一片天地。

【小贴士】

抱着为自己工作的心态，最主要的是可以让你放弃消极怠慢的心理。人在漫漫的旅途中需要与快乐相伴，才会使生活充满阳光，而快乐最重要的源泉就是你在做着有意义的事情，实现自我价值。只有积极主动地出击，才能为自己赢得最终成功。

定理18 每天多努力一小时

年轻人初入社会，不能只依靠上班的8小时来提升自己，而在余下的时间内继续过着悠哉的校园式生活。很多人平庸，就是因为他们不知道多努力一点。要知道功夫不负有心人，虽然短时间内无法见效，但人生之路漫长，如果每天多努力一点，就会逐渐积累成功的知识、经验，离成功也就越来越近了。

比别人多下功夫

台湾作家李敖在70多岁时还在坚持读书，并一直笔耕不缀，写了大量著作，成为当今两岸三地备受追捧的作家之一。俗话说：活到老学到老。如果付出还没有见效，只能说明付出的还不够。

年轻人初入社会，要想作出成绩，起码需要三到五年的时间。有些年轻人会心生疑问：一天工作下来，尤其是一些体力劳动者，下班后正是放松自己的时候，除了呼呼大睡之外，哪里还有继续努力的体力呢？没错，如果身体累了有必要先休息一下，但要是精神没累就要把它填满。有志向者和平庸者之间的差别就在于，胸怀大志的人善于利用空闲时间多做一些事情。

想想每天都做着几乎相同的事情，难道一辈子只能靠这些来维持生计吗？你有没有想过还可以通过做一些其他事情让自己过得更好？生命有限，每小时每分钟做的事情也是有限的，如果不甘于目前的状况，那就挤出时间用在现在或未来的工作上，抓紧时间进一步提高自己。

晚上，在别人给自己放个“大假”时，去读书、学文化或者做一些感兴趣的事情，提升自己。年轻人的最大优势就在于有比别人拥有更充沛的精力、更充足的时间。在竞争激烈的市场经济社会中，不能随时更新自己，就很容易被淘汰。

贵在坚持

每天多努力 1 小时，虽然看起来简单，但坚持下去却是一个难题。如果今天努力了明天就不再努力，那么之前所做的一切都可能白费了。只有你的努力用在了正确的事情上，并真正付出心血，才能达到自己的想要目标。

每天多努力1小时，长此下去你就会发现，已经做了自己想要做的事，过上了自己想要过上的生活。而一旦如你所愿，你就会感谢当初每天多付出的1小时。否则，过一日算一日，多年以后你仍会像当初一样，每天来来往往地上班下班，周而复始。有的人一生都在颠簸，为生计奔波；有的人今天颠簸，明天辛苦，后天拥有幸福。答案很简单，后者比前者每天多努力了1小时。

合理安排时间

努力工作要使用正确的方法，不会合理安排时间是导致许多人生活混乱的主要原因。可能你会认为，同样是每天加班1个小时，为什么别人的成果就要比自己多呢？

这里你需要改变时间长与效率高成正比的思想。如果你在加班时胡乱瞎忙一气，没有目标，没有主题，到头来事情还是做不好。因此，提高劳动效率也是保证你的努力到最后有成效的最好手段。你要学会改掉一些利用时间上的坏习惯，注意工作细节的把握，以及对时间的掌控。其中的重点在于，了解自己的需求，根据需求来安排时间，把主要精力集中于重要的事情上，很多问题也就迎刃而解了。

【小贴士】

那些有远见的年轻人会把自己的精力持续用在事业上，不去抱怨枯燥、乏味的生活。因为他们知道，自打踏入社会的第一天，生活就不可能再像学校里那样舒适随心。只有努力工作才会感到充实，才会有存在感。要通过工作实现自己的理想，超越自己。

定理19 不要让过去绊住你的脚步

社会不同于学校，很多年轻人进入社会后都会觉得困难重重，没有了在学校时的受人追捧，开始怀念过去的岁月，经常在工作时向别人诉说自己在学校里有多么多么优秀……

光环会变成枷锁

过去已成永远，年轻人没有必要活在过去的成绩里，要向前看，未来更需要建设和创造。随着时间的推移，你在经过社会的磨砺、取得更多成绩再回头看时，可能会更清醒地认识这个社会，但现在却不应一味地怀念过去“辉煌”的时刻，那样做只会被过去所束缚，让步履变得艰难起来。

那些光环无非是些荣誉的象征、虚荣的表象，是过去成绩的代表，却也是现在内心困顿的反映。像唐玄宗李隆基，登基初始创造了国家的繁荣昌盛，可后来却沉迷于享乐，躺在自己过去的成就上睡觉，结果爆发了“安史之乱”，使得唐朝由盛转衰。“路漫漫其修远兮，吾将上下而求索。”只贪恋过去的成就，势必会就此拘束自己前进的脚步。

发现并改正曾经的不足

让自己变得更清醒的办法，就是学会从“辉煌”的过去中发现不足。如果自己是老师长辈眼中的天之骄子，成绩一直名列前茅，那就试着去发现自己性格中的不足；如果你是个学生干部，在学校热衷于组织各种活动，走到哪里都是耀眼的“明星”，那就试着看看自己有没有做事不够踏实或者好高骛远的地方，如此等等。

人无完人，每个人身上多多少少都存在一些问题，关键是你要勇于揭自己的短，认清现实，并找到改变这种不足的方法，踏实地做好自己，认认真真地生活下去。

不断地充实自己

机遇与发展同在，活在过去只会让我们失掉机会。只有不断地增长自己的知识和才干，才不会落于人后，才会继续自己的“辉煌”，在实践中证明自己不是一个无用的人。

【小贴士】

有的年轻人过去可能人见人爱、一切顺利，而现在却事事停滞、不尽如人意。此时，你可以回忆，但不要一直怀念，抬起头勇敢地撇掉浮在你身上的虚假面纱，毫不犹豫地迎接将来的挑战，一定会再创辉煌的！

定理20　读万卷书不如行万里路

实践是人们改造客观现实的一切活动，实践的过程是主观认识和客观事物相联系的桥梁。我们在学校时“读万卷书”，就是为了走上社会时能“行万里路”。因为学校和社会是两种不同的环境，我们在学校里的主要任务是学习，走上社会上的首要任务是生存。我们在社会上谋生，就不能再在像学校里那样有足够的时间坐下来静心地学习理论知识，而是要通过实践活动增长见识，提高水平。

实践是个好老师

走向社会后，我们要为生计奔波，此时有人可能会感叹“少壮不努力，老大徒伤悲”，埋怨自己当初没有好好学习，导致现在生活艰难。但埋怨无济于事，既然我们的知识水平已经有限，就要想办法通过其他途径让自己获得更多生存、发展的机会。

社会是本最大的书，实践是里面最好的老师。我们通过实践可以避免沉浸在过去的幻想中，从而动起手来，通过亲身体验，让自己获得更多的发展机会。在学校里，学习知识是为了走上社会后不至于头脑空空、手足无措，实践则教会我们更多生存的技能、待人处世的方法和处理问题的技巧。

徐霞客一生游历大好河山，历经艰难险阻，写出了《徐霞客游记》，成为著名的地理学家、旅行家和探险家；李时珍用了27年遍访名师名山，尝遍千万种草药，才用亲身体验写出了《本草纲目》，成为伟大的医学家、药物学家。他们都是通过切身体验功成名就的。

我们接受生活中的各种坎坷、不平与磨难，在生活中提炼自我，必会有所创造与发现。居里夫人发现放射性元素镭和钋，歌德写出文学名著《少年维持的烦恼》，这些成就没有一个不是源于生活的。

我们不要感慨以前学的那些知识没有用处，只需要在目前知识积累的基础上更好地去发现自我、提升自我。只有通过实践，我们才能明白以前缺少了什么，才能在以后的生活中少走弯路，更好地、及早地获得成功。

实践出真知

毛泽东主席在《实践论》中指出："马克思主义者认为，只有人们的社会实践，才是人们对于外界认识的真理性的标准。"可见，实践有一项重要功能就是发觉事物的本质，感悟现实中的道理。

大家都知道小马过河的故事。小马在过河前，从松鼠口中得知水很深，却被老黄牛嘲笑说水其实很浅。小马在妈妈的鼓励下决定下河试一试，最后发现河水不深也不浅。之所以会出现这种结果，是因为小马得到的是松鼠和老牛两者自身的经验，而最后的结果却是小马通过自己的实践得来的。这里，松鼠和老黄牛就好比课堂上教授的理论，它们的标准是不同的，只有通过实践总结感悟得来的知识才是适合自己的。离开了实践，理论也就成了无源之水、无根之树，无法为我们所用。

愿每个人在初入社会时，都能及时抛掉在学校里那些死记硬背的知识，最大限度地去实地调查研究，体悟工作，增长技能，有所成就。

【小贴士】

离开学校，我们将在社会这条"路"上工

作和学习下去，接下来的日子都要在与现实的碰撞中长大、成才。我们有必要接受现实、适应现实，在现实的颠簸中更好地去谋求生存。我们只有有了社会经验，才能避免挫折，少犯错误，实现价值。

定理21 摒弃怀才不遇的想法

不去抱怨

初入社会的年轻人中有这样一些人，他们总是在唉声叹气和怨天尤人中度过。他们抱怨命运不公，抱怨老天无眼，让自己这么一位有才华的人在一个不起眼的小单位工作，或者在一个不识千里马的领导下做事。

曾经有这样一位年轻人，他很有才华，但一直得不到重用。为此，他愤愤不平、满腹牢骚。有一天，这个自认被命运捉弄的年轻人质问上帝："为什么命运对我不公？为什么我英雄无用于之地？"上帝默默不语，捡起一颗小石子扔在了乱石当中。然后，上帝让年轻人去捡。那个年轻人翻了大半天，都没有找到那颗石子。这时，上帝呵呵笑着说："你就是那一颗石子，和普通的别无两样，所以在芸芸众生当中你和常人一样不显眼，不能脱颖而出。"年轻人还是不明白。上帝又掏出一枚金子扔向石堆。这次，年轻人很快找到了那枚金子。上帝不语。年轻人沉闷了一会，恍然大悟：在自己还不是一颗金子的时候，不要抱怨命运不公，只有通过不断磨砺，自己有朝一日才能成为发光的金子。

是啊，许多人之所以平庸，是因为他们还不是一块金子。如果努力把自己打磨成金子的话，照样可以从石块中脱颖而出不至于被埋没。

为了改变而奋斗

生活就是这样的，一个人在还没有充分发挥才能的时候，就不能一味地抱怨命运不公、时运多舛。只有不断地奋斗，努力地去改变，才可能“练兵千日，用兵一时”，一朝大展才华、抱负。

充实自己的能力

试想想，每个人的身世、性格、爱好、教育程度等都不一样，不可能一生来就得到老天的垂青。那些没有得到机遇而让命运发生转变过上想要生活的人，他们当然会认为自己心比天高，命比纸薄。步入社会后，有的人有家庭背景，有的人遇到了伯乐，有的人白手起家，也有的人一生不顺……那些“怀才不遇”的人，要学会看淡，提高自己的能力，抱怨不断、愤恨不绝，只会毁了自己。

王云龙想进入一家大型公司工作，但是凭他目前的学历和经验，始终没有一家大型公司愿意录用他。王云龙不得不工作啊，只得选择了一家小公司。然而，在小公司里工作的时候，他并没有一味地埋怨，而是提高自己的能力，等待着某一天有能力跳槽到满意的公司。

果然，王云龙在这家小公司磨练两年后，去了另一个城市发展。由于王云龙有足够的能力了，他进入一家有实力的新公司，开始大展拳脚。

很显然，王云龙一开始并不能进入自己想的公司，必须提高自己的能力，才能得到更高层次的职位。

我们也有必要不断地充实自己，其实我们并不是怀才不遇，而是还没有胜任的能力！

克服消极心态

人可以抱怨，但不可整天牢骚满腹。要知道，不如意事十有八九，并不是每个人都能如己所愿的。当然，除了抱怨命运不公之外，一个人在其他方面也应该摒弃怀才不遇的想法。

有一个年轻人，大学毕业后没有找到合适的工作，就在家乡做起了生意。他并没有因为别人的嘲笑而否定自己，也不认为自己怀才不遇。他踏实地做着自己的事情，从来不被别人的闲言碎语所左右。许多年后，他成了一位百万富翁，如今大家都对他刮目相看。

的确，一个人在怀才不遇的时候，不光自己心里难过，还会遭到别人的冷眼——为什么他找不到合适的工作？为什么他的薪水那么低？这些流言蜚语常让怀才不遇的人们觉得难堪。一个人怀才不遇，固然会让别人非议，但如果坚持走下去，做力所能及的事情，长久后定会改变他人旧有的观念。

走自己的路

陈平少年时靠哥哥度日，但家境贫困，嫂子认为他读书不会有出息，于是百般阻挠。后来，陈平成为西汉王朝的开国功臣，受到万人敬仰，嫂子对他的态度也大为转变。

是啊，一个人在低潮、怀才不遇的时候，可能会被认为没有出息，大受指责，此时一定要坚持走下去，不妄自菲薄，坚信自己总可以干出一番业绩。若你认为自己注定怀才不遇，必将终生在悔恨中度过。只有摒弃怀才不遇的想法，咬定青山不放松，走自己的路，才能让别人对自己的态度有所改观。当然，当别人都对你大力赞赏时，一人之下万人之上，你就是幸运儿，就会“吃得苦中苦，方为人上人”了。

【小贴士】

一个人应摒弃怀才不遇的想法，坚信就算生不逢时、命运多舛，只要坚持走自己的路，终有一天会让人刮目相看。一个人要是认定自己没有出息，终日满腹抱怨、作践自己，只会误入歧途，很难再看到美好的前程。

定理22 不要太在乎失败

年轻人都渴望成功，在通往成功的路上，却难免遭遇失败。年轻人在初入社会时不要太在乎失败，因为经验不足、能力不够，失败在所难免，若因这些失败就固步自封，就很难看到美好的未来了。

年轻人要在不尽如意的生活中坚守下去，勇于面对逆境，只有这样，将来才有可能生活得更好。失败当然会使我们举步维艰，但能从失败中站起来，定会走向成功。

失败是常事

成功的背后往往是数不清的失败。俗话说：失败是成功之母。年轻人要想成功，就不要在乎失败。我们在生活、工作中难免遭遇失败，若不能很好地从失败中走出来，而一蹶不振，只会丧失更好的发展机会。

同失败做斗争

在现今社会，年轻人很少能一步成功，如若被眼前的失败打倒，就永远不可能成功。成功在于战胜失败，只有与失败做斗争才有可能成功。

王晓和徐静鑫是同事，在同一个部门工作。王晓意志坚强，在工作中出现差错时总是力求改进，不厌其烦；徐静鑫遇到不顺的事情却总爱推脱。结果，一年下来，王晓升了职加了薪，徐静鑫却一事无成。

可见，年轻人不能面对失败，无法从失败中站起来，对将来会造成不可估量的负面影响。年轻人有必要从现在开始面对失败，要知道，现在遇到的工作、生活的不顺是对我们的考验。我们如果无法拼搏下去，注定要在其中丧失方向，将来也不会过上想要的生活。只有临危不惧，用意志去战胜失败，才会迎来彩虹。

从失败中站起来

绝大多数的年轻人都会在失败时迷失了头脑。于是，他们在工作中、生活中一旦遇到挫折，就开始怨天尤人，却不知一味的抱怨只会于事无补。我们固然不可能事事如愿，但可以做到让这些抱怨不再纠缠自己，只要不在乎人生的不测、坎坷与磨难，经历再多的失败又何妨呢？

年轻人不要在乎失败，年轻时正是经历风风雨雨的时刻，难免经受一些打击与磨难，若能游刃有余地应对，会使你在失败中保持一颗淡然的心，从而笑对失败。

我们要有长远的目光，现在失败并不代表将来也一定会失败。现在的失败会为将来积累经验，能使我们明白在哪些方面还有缺陷。我们不可能事事做得让人满意，没必要认为自己很失败。此时，完全不必被别人的看法所左右，坚持走下去，用实力证明自己。

偶尔失败时，不必在乎别人的闲言碎语，用实力证明你的优秀，他人自然会对你刮目相看。若一蹶不振，面对的只有嘲笑，更不会赢得他人的鼓励与支持。

因此，年轻人要想更好地生存，就必须坚强，在失败面前永保一颗刚毅的心，不因失败而否定自己。只有在失败时相信自己会成功，才能更好地面对失败，一步步接近成功。

【小贴士】

年轻人初入社会时，失败是常客。此时，

有必要敞开胸怀予以接受，在失败中反省自我。只是一味地逃避失败，下一次还会重蹈覆辙。正视失败，放平心态，这样才能从失败中走出来，看到光明。

定理23 吃亏的好与坏

单纯的人易吃亏

我们踏入社会时，由于不谙世事，难免吃亏、上当。但吃亏并不一定是坏事，起码它让我们增长了经验——不能轻易相信别人！

初入社会的年轻人还很单纯，容易相信别人，认为别人都会对自己以诚相待，一旦被人欺骗时，难免会抱怨人情冷漠。但任凭你愤愤不平，社会也不会有所改善。你唯一要做的就是接受现实，因为现实很残酷，每一个人为了生存都会去拼命竞争。

不存有侥幸的心理

初入社会，我们会想到走捷径，但天下没有一帆风顺的事情，那些小诱惑后面往往隐藏着大陷阱。

陈坤是一个文学爱好者，工作几年后积累了一些作品，然而苦于没有经费，始终没有得以出版。后来，一个书商让他去上班，但前提是那些还未出版的书稿交由自己处理，且书商承诺全部出版后结算稿费。与此同时，陈坤的工资是其他员工的两倍。

陈坤信以为真，认为自己遇到了伯乐。然而，在这家公司工作两个月后，书商却以那些书稿达不到出版社要求为借口，委婉地辞退了陈坤。

陈坤原以为今年能大赚一笔，却因为轻信书商，最后一无所获。

其实有时候，我们也不知某个人是否会真正地帮助我们，尤其是当我们的条件不能令对方满意时，对方就会毫不客气地中断与我们的合作。

在现实生活中，我们没必要对别人抱有太侥幸的心理，以免空欢喜一场。

保持乐观的心态

我们吃亏后，只要心态乐观，就不会有那么多的埋怨了。

听说过“塞翁失马”的故事吧：古时候的中国，在长城一带居住的人中有位擅长推测吉凶的老人。有一天，他的马跑丢了，别人过来安慰他，老人却说："马跑丢了不一定是一件坏事啊?"果然，不久后，他的马带着大批胡人的良马回来了。人们都过来向他道贺，老人却说："这并不一定是一件好事!"果然，他的儿子爱好骑马，被马摔下来摔断了大腿。人们都过来安慰老人，老人又说："这并不一定是一件坏事!"一年后，胡人大举入侵边塞，壮年男子都被抓去了，大部分人战死沙场，只有老人瘸腿的儿子幸免于难。

这个"塞翁失马"的故事被广为流传，它的寓意就是好事与坏事都不是绝对的，在一定的条件下，坏事可以转变为好事，好事也可以转变为坏事。

那么，吃亏了只要保持乐观的心态，好事就会越来越多，坏事也会越来越少了。

在吃亏中变得强大

谁也不知道自己将来会如何，前进路上难免会有陷阱，但吃了亏、掉进陷阱里定要爬起来继续勇敢地前行，说不定会峰回路转、柳暗花明!

但大部分人吃亏后都会茫然不知所措，认为现实太残酷，没有人理解、同情自己，甚至所有人都是自私自利的，因而开始厌恶社会。如此消极地过下去，只会使自己误入歧途。

我们应有阳光的心态，大不了从头再来！

吃亏并不可怕，可怕的是我们吃亏后一再堕落！而吃亏并不一定是坏事，所谓吃一堑长一智。

我们有必要在吃亏中成长，当你磨砺得足够多了，也就变成一个真正的社会人了。

所以，吃亏并不是坏事，它也有有利的一面，我们要感谢那些伤害我们、带给我们痛苦的人，只要你有一天变得强大了，就能让那些当初看扁你的人肃然起敬。否则，一味地消极下去，只会让人永远看不起你。

【小贴士】

年轻人都讨厌吃亏，可吃亏在所难免，你毕竟社会经验不足，在面对林林总总的人时，难免会落入圈套。吃亏后，我们要振作起来，更好地活下去，同时让我们的内心变得更强大，若干年后我们定会无坚不摧。

定理24 要有自信心

自信但不盲目

年轻人初入社会时都勇气十足的，可一旦在社会上碰了壁，就开始怀疑自己的能力。其实，年轻人初入社会时，对许多东西的看法还停留在想当然之中，对自身没有很好的定位，不能看清事物的本质。要知道，我们掌握的东西只是冰山一角，盲目自信只能导致碰壁，进而伤害我们脆弱的心灵，导致我们丧失信心。然而，在这个社会上生存又必须要自信。我们要坚信自己可以成功，就算碰得头破血流也要相信自己，这样才能过得越来越好。

我们要相信自己，在这个社会上生存，一旦盲目就会失去方向，未来就可能如同死海一片。试问，无论成功也罢、失败也罢，你能时刻相信自己吗？很多人都不能给以肯定的答复！其实这是个多么简单的问题啊，“是”或是“不是”即可回答。可在这些问题上我们总是犹豫不决，因为在社会上碰壁后，我们丧失了信心，而我们一旦无法振作起来，人生就可能是一片灰暗。

小莉经营了一家美容店，当初认为一年后就可以成为大老板，年收入十几万。然而，她还是太天真了。一年后，小莉却亏了五六万。为此，她决定转行，但不知道自己除了做美容还会做什么。小莉咨询了颇具社会经验的舅舅。舅舅问她除了美容还有热情去做其他的行业吗？小莉摇了摇头。舅舅笑了，告诉小莉，一时的困难并不可怕，要相信自己，如果确实喜欢做美容就做下去，一段时间后就会有转机的。小莉将信将疑，又继续“开张”了。由于小莉十分喜欢美容这个行业，再加上吸取了之前的教训，重新调整了盈利模式，果然第二年年底小莉就净赚了七八万。之后小莉的美容店生意越来越火，她的钱包也越来越鼓。

重拾信心

任何时候都不要丧失信心，即便理想遥不可及，也不要认为自己不可以成功。重拾当初的信心吧，相信自己可以战胜困难，直到成功。人总是在艰难险阻中长大的，困难、挫折算得了什么。我们必须在种种不如意中学着去改变、去成才。如果有望成功，就不要丧失信心，坚持下去，一定会成功的。当然，如果理想不切实际，就有必要割舍这一段盲目的自信，因为并不是相信自己就什么都可能做成的。我们的自信要切实可靠，要符合逻辑，那样坚持下去才会有结果。

在丧失信心时，有必要问自己，如果就这样否定了自己，结局会如何？人最怕的就是被自己打败，这样前程往往会一片灰暗。

小张想当一名舞蹈演员，为此不断地努力着。可是，就在他即将获得丰硕成果时，在一次旅行中，他被意外倒下来的大树砸断了右腿。小张的生活顿时陷入一片黑暗，他开始自暴自弃，丧失了对生活的信心。他整天抱怨，郁郁寡欢，令家人朋友十分担忧。

但是，天灾人祸我们无法预知，事情已经发生，无止休地抱怨又有什么用呢？此时，并不一定只有当舞蹈演员一条出路，他的选择还有很多，为什么非得要把自己逼进死胡同呢？人最怕的是没有自信，没有自信的人就如同行尸走肉一般。

在社会上生存，不能没有自信，就算有一些不平夺走了当初的自信，也不要完全否定自己。你总会做得更好，关键在于你能否重拾当初的信心。

一个男孩跟随旅行团去爬山，结果只爬到了半山坡就要放弃。旅行团里的人笑话他注定爬不到山顶。男孩回想起自己当初要征服这座山脉的誓言，可是自己现在却打了退堂鼓，心里很不是滋味。在旅行团团友的鼓励下，男孩重拾信心，坚持爬下去，虽然很累，但最后还是爬到了山顶。男孩长大后成了一家企业的老板，回想起当初的勇气，他说是自信救了他，使他能在现在的企业里把事情做得更好。

我们也是一样的，一定要相信自己可以做得更好。没有人有责任告诉你要自信，自信不需要督促，而需要自我培养。我们要从心底认为自己“行”、“一定能”。在失败时，我们要给自己打气，告诉自己并不是一次失败就注定永远失败的。听说过“东山再起”的典故吧！谢安是陈郡阳夏（今河南太康）人，出身士族，年轻时跟王羲之是好朋友，两人经常在会稽东山游览山水，吟诗谈文。他在当时的士大夫阶层中名望很高，众人都认为他是个有才干的人。但是他宁愿隐居在东山，也不愿意做官。有人推举其为官，他上任一个多月就不想干了。到了 40 多岁，他重新出山且政绩不凡。因为谢安长期隐居在东山，所以后来人们把他重新出来做官的事称为“东山再起”。这个故事告诉我们，只要想去做就一定可以做得到。留得青山在，不怕没柴烧，只要想做并有足够的勇气，就一定可以做成。

因此，不要让当初的梦想化为泡影，不要在波折中丧失了信心。只要你有勇气，相信自己，就算某一阶段时期你左右彷徨，经过这一段挣扎、徘徊，你也会明白，没有事情可以把你打败。

【小贴士】

就算我们伤痕累累，就算我们连连碰壁，也不要完全否定自己，要对自己有正确的认识，要意识到未来的生活是美好的。只有相信自己，才能重拾信心，走向柳暗花明。

定理 25　学会等待

付出不一定有回报

许多时候，我们希望达到某一目标会付出很多，但付出不见得有回报。于是我们变得意志消沉，不再相信自己。其实，付出并不一定能在短期内见效，我们应该学会等待，在等待中让人生发生质变。

顺其自然

一只小毛虫趴在一片叶子上，用新奇的目光观察着周围的一切：各种昆虫欢歌曼舞，飞的飞，跑的跑，又是唱，又是跳……到处生机勃勃。只有它，可怜的小毛虫，被抛弃在旁，既不会跑，也不会飞。

小毛虫费了九牛二虎之力才能挪动一点点，当它笨拙地从一片叶子爬到另一片叶子上时，觉得自己就像是周游了整个世界。

尽管如此，它并不悲观失望，也不羡慕任何人，它懂得每个人都有各自该做的事情。而一只小小的毛虫，应该学会吐纤细的银丝，为自己编织一间牢固的茧房。

小毛虫一刻也没有迟疑，尽心竭力地工作着，在临近期限的时候，把自己从头到脚裹进了温暖的茧子里。

“以后会怎么样?”与世隔绝的小毛虫问。

“一切都将按自己的规律发展。”小毛虫听到一个声音在回答，“要耐心些，以后你会明白的。”

时辰到了，它清醒过来，但已不是以前那只笨手笨脚的小毛虫。它灵巧地从茧子里挣脱出来，惊奇地发现自己身上生出了一对轻盈的翅膀，上面布满了色彩斑斓的花纹。它高兴地舞动了一下双翅，竟像一团绒毛从叶子上飘然而起，它飞啊飞，渐渐地消失在蓝色的雾霭之中。

大自然的一切都有一定的发展规律与方向，只有顺其自然，才能生存得潇洒、惬意。不然，早早地就想从毛毛虫变成蝴蝶，只会欲速则不达，让功夫毁于一旦!

水开茶自香

一位年轻人时常和失败作伴，他非常烦恼，找到寺庙里的方丈，请求方丈给他指点迷津。方丈只是呵呵地笑，叫年轻人坐下，然后叫小和尚取来一壶温水。紧接着，方丈取来一只杯子，放上茶叶，倒上温水，递到年轻人面前。年轻人闻了闻，没有一丝香气，就问方丈为什么要用温水泡茶。方丈笑呵呵地没有说话，又叫小和尚取来一壶开水，然后取来一只杯子，放上茶叶，倒上开水。年轻人闻上去，顿时觉得茶香扑鼻。年轻人不明白，就问方丈："你为什么第一次用温水而不用开水呢？你要是用开水我就不用等着喝茶了。"方丈笑着说："这正如你，你现在只是一杯温水，要想让自己散发出芳香，必须给自己加温。等到你的温度足够了，再放上茶叶，无论是什么茶叶，都会散发出浓浓的香味。"年轻人不明白："喝茶和我有关系吗？""当然有，你想想看，你现在没有成功，是因为你等待的还不够，就像刚才那壶温水，它只有继续加温，变成开水后，沏茶的时候才能让茶散发出香味。"年轻人略有所悟。一年后，年轻人再次找到方丈，满面红光地说自己经历了无数次的失败后终于成功了。他感谢方丈那次给予的启示，让他明白不去等待就不会成功。

我们也是如此，等待的过程就像泡茶一样，当水温足够了，人生自然会散发出迷人的芳香。

在等待中锤炼自己

我们必须在等待中锤炼自己，学会生存，我们不可能一下子就拿到年薪百万，必须一步一个脚印，每一步都脚踏实地，才能在成功后永固地位。若是用旁门左道去谋取利益，一旦事情败露，只会得不偿失。

长沙有一位歌手，他希望早日出名，于是耐不住诱惑，通过唱片公司、影视公司的包装大肆地为自己“投资”，而不是去提高唱功。结果，他很快就出了名，但也只是昙花一现，很快便被人们忘记，而且给人留下了不好的印象。

看吧，偷鸡不成反蚀一把米！我们切不可急功近利，必须在等待中使升华自己。众所周知，再优秀的人也必须一步一步地展现自己，通过炒作、吹嘘虽然能达到一时的目的，但假的东西终归是昙花一现，就算获得了一时的荣耀，留下的却也是终身的遗憾。

因此，功名固然能使我们过上好的生活，然而，功名也会让我们心力交瘁、疲惫不堪。应正确看待功名，在等待中使自己的心灵升华，在等待中去创造自我。

【小贴士】

等待是一种生存法则，日出日落，潮涨潮落，我们不可能一下子过上想要的生活，必须要在等待中充实自我，使自己更具实力，赢得别人的认可。这样才能积累丰富经验，才不会欲速则不达。

定理26 学会选择和放弃

舍弃后会有新的开始

年轻人初入社会时要知道这样一个道理：鱼和熊掌不可兼得，要想获得就应该舍弃，只有舍弃，才有新的开始。

来看下面这个故事：一只山羊在草地上悠闲地吃着青草，这时，一只猎豹逼近了它。山羊知道自己的生命面临着危机，撒腿就跑。猎豹紧追着不放。山羊哪里能跑过猎豹，最终在一片树林里被猎豹扯住了后腿。山羊拼命地挣扎，猎豹则紧紧咬住不放。最终猎豹把山羊的一条腿扯了下来，山羊为了生存，在猎豹津津有味地享受美餐时，忍着痛继续前跑。饿坏了的猎豹没有继续追赶山羊，只是狼吞虎咽地吃着扯下来的山羊腿。山羊得以死里逃生，却舍弃了一条腿，这需要多么大的勇气啊！

山羊要是不舍弃一条腿，将必死无疑。这是在告诉我们，要想获得新生，必须舍弃某些东西。你在初入社会时，并不可能事事如愿，有时你可能有了事业而失去了爱情，有了爱情却丢掉了事业，不可能两全其美。这时，你必须学会选择和放弃。当然，这并不是让我们舍弃爱情或事业，而是说，在爱情和事业之间要有一个明智的选择。

有舍才有得

那些伟人的人物，在年轻的时候，爱情往往并不如意。像童话大王安徒生，爱情不顺的情况下致力于事业，他才能在文学领域创造出一片天地。若安徒生在年轻时不愿意舍弃不如意的爱情，那他只会被爱情所纠缠，好在他作出了正确的选择，把精力用在童话创作上，才能创作出优秀的童话作品。

有舍才有得，不舍就不会真正地获得。

大千世界，没有绝对的事情，当你一方面不顺时，说不定在另一方面会获得成功。若不忍心舍弃，往往会被不快所纠缠，很难拥有新的开始。而人一旦活在欲罢不能的痛苦当中，生活境况将多么令人担忧。

因此，为了生存，我们有必要学会选择和放弃。要知道，想获得就应该舍弃，只有舍弃才会获得，否则什么都不愿意舍弃，就什么都难以得到。

【小贴士】

懂得选择和放弃需要勇气，年轻人应明白有舍才有得的道理。我们要明白，该选择什么，该放弃什么，在头脑一团乱时才不至于捡了芝麻丢了西瓜，才不至于在未来的某一天为今天的所作所为而感到遗憾。

定理27　细节处见功力

19 世纪英国批判现实主义的小说家狄更斯在他的作品中写道："有人曾经被问到这样一个问题：'什么是天才?'他回答说：'天才就是注意细节的人。'"

的确，大凡名人、伟人，他们之所以比常人突出，就是因为他们比常人更注重细节。细节之处见功力，细节之处会让一个人的命运发生质变。

注重细节会成就自己

一个年轻人来到大城市打工，因为他工作勤奋，老板将一个小公司交给他打理。年轻人将这个小公司管理得井井有条，业绩直线上升。一个外商听说之后，决定和他洽谈一个项目。于是，他和外商共餐，午饭很简单，其他的盘子都被吃得干干净净，只剩下一盘花生米。年轻人见状，叫来服务员，很有礼貌地对服务员说要把剩下的花生米打包。这个小小的细节感动了外商，两人当天就签了合同。

年轻人能注重小细节，而外商从他的细节之处看到了他的素质，从而很乐意和他合作。

同样有一位年轻人，她也因为注重小细节而成就了自己：

这位姑娘中专毕业，没有什么特长，为了找到一份好工作，她到一家大型企业去应聘。经理看了她的简历后，没有表情地摇了摇头。姑娘只好站起身来，谁知手被扎了一下。她转过身一看，发现椅子上有一颗钉子露出了头。于是，年轻的姑娘小心翼翼地将钉子敲平，然后转身离开了。可是，姑娘还没走多远，经理就派人告知她被录用了。

年轻的姑娘没有特长、专业背景，但她却能成功地应聘到大型企业，就是因为她注重细节，从而成就了自己。

好高骛远难圆梦想

人都应该有梦想，也可以认定自己是可以做大事的人。俗话说："天下大事必作于细，天下难事必作于易"。就连大海，也是由一滴滴水汇成小溪，汇成江河，最终形成惊涛骇浪的。

我们千万不要去做好高骛远的傻事，细节才能够见到一个人的功力，才能让一个人的梦想一步一步地实现。否则，我们只会是徒有抱负，反而错过了那些可以成功的机会。

【小贴士】

细节会成就大的事情，只有注重细节才会有大的作为。我们不能好高骛远，以免高不成低不就，要脚踏实地，打牢每一个基础。

定理28 对人对事有诚信

诚信让人信赖

诚信能使我们更好地生存。我们讲诚信，就能赢得别人的信赖。在这个日益重视信誉的社会，不讲求信用的人会为他人所不齿。

诚信能使别人更信赖你，认为和你交往是值得的；若你是居心叵测的人，迎面一张笑脸背后给人一刀，他人就会远离你，不再和你做朋友，你的生活也可能因此平添许多烦恼。

小美的第一份工作是做业务员，每天负责向客户推销公司的产品。一次，公司新购进了一套羽绒衣，老板打算卖给一位富太太。富太太决定买下羽绒衣后，小美前去送货。小美整理羽绒衣时发现衣服上有几个补洞，心里一凉，却不好意思向老板汇报，就拿着羽绒衣去找那位富太太。在问起羽绒衣的质量时，小美便侃侃而谈，说它是多么时尚、多么新潮。富太太听得心里乐开了花，马上收下了羽绒衣，付给了小美一笔钱。小美为此得到了老板的嘉奖，心里乐滋滋的。然而，没过二天，富太太找到老板，气哼哼地说公司在骗她，不应该向她推销二手货，她非常恼火，要求退货。老板再三解释，富太太寸步不让，老板只好答应退货。从此，老板对小美不再像以前那样热情了，富太太也再没有和公司做过生意。

看吧，对人不诚信的后果是多么严重！轻则失掉一个重要的客户，重则让老板对你另眼相待，甚至有丢掉工作的危险。

学会诚信相待

从前有一位贤明的国王，把国家治理得井井有条，因而十分受人爱戴。但随着年纪逐渐增大，膝下无子女的他决定在全国范围内挑选一个孩子收为义子，培养成未来的国王。

国王选子的做法很独特，他给孩子们每人发了一些花的种子，宣布谁若用这些种子培育出最美丽的花朵，那么谁就会成为他的义子。

孩子们领回种子后，开始精心培育，从早到晚浇水、施肥、松土……谁都希望自己能够成为那位幸运者。其中有个叫雄日的男孩整天精心地培育着花种，但半个月过去了，花盆里的种子连芽都没冒出来，更别说开花了。

国王决定观花的日子到了。所有的孩子都盛装打扮，涌上街头，他们各自捧着开满鲜花的花盆，用期盼的目光看着缓缓巡视的国王。国王环视着争奇斗艳的花朵与漂亮的孩子，并没有像大家想象中的那样高兴。

穿过人群，国王忽然看见了端着空花盆的雄日。他无精打采地站在那里，国王把他叫到跟前，问他："你为什么端着空花盆呢？"

雄日抽咽着把自己如何精心侍弄，但花种怎么也不发芽的经过说了一遍。没想到国王的脸上却露出了开心的笑容，他把雄日抱了起来，高声地说："孩子，我找的就是你！"

"为什么是这样呢？"大家不解地问国王。

国王说："我发下的花种全部是煮过的，根本就不可能发芽开花。"

捧着鲜花的孩子们都低下了头，原来，为了开出艳丽的花朵，他们全部偷换了种子。

可见，诚信是多么的重要，诚信能让人赢得更多的发展机会。

我们要学会诚信，诚信会让我们更好地生存，否则会让别人对我们心存戒备之心，让我们的未来一片灰暗。

骗了不招人喜欢

我们要讲求诚信，就不能做骗子。还记得“狼来了”的故事吗？古时候，一个小孩到山上放羊，他闲着无聊，便搞起了恶作剧，对着山下的人大喊：“狼来了，狼来了！”一开始，村民们以为狼真的来了，便提着农具来到山上，待察觉小孩骗了他们后，一个个都摇着头离开了。第二天，小孩又以同样的方式让村民们上了当。但是，当第三次狼真的来了时，任凭小孩喊破了喉咙，村民们也不再相信他了。

可见，没有人会喜欢骗子，这样只会失去别人的信任，把自己的大好前程白白葬送了。

小心诚信被利用

我们对别人诚信，别人不一定对我们诚信，这时候就要小心那些别有用心的人了。初入社会时，我们不可以害人，但也不得不防人，因为千人千面，人心隔肚皮，我们一不留神就会被别人利用。

王梅和杜鹃在同一个公司上班，王梅为人豁达，杜鹃却别有用心。王梅由于工作勤奋，所以她的业绩良好。

在一次业绩考核时，由于关系到升职加薪，杜鹃就想抄袭王梅的方案，但是又不好意思明目张胆地抄，就在背地里抄。王梅对好朋友是直言不讳的，但却没想到，杜鹃的方案先于她交了上去，而且和她的一模一样，这让她很难堪。

有时候，我们难免会被别人所利用。所以，我们对人对事有诚信，但要很好地把握好尺度，以免被别有用心的人利用。

【小贴士】

对人对事要有诚信，对别人真诚，往往也会得到对方真诚的回应，但也不要让别人利用了我们的善良之心。因而无论何时，我们既要以诚待人，又要防患于未然，把自己明天的路走好。

定理29 不如意的事说出来

说出困难寻求帮助

有一句网络流行语："你有什么不开心的事？说出来让大家开心一下。"你可能会觉得有些荒唐，其实，仔细想来，也不无道理。你会不高兴一定是在为某件事情烦忧，或者很累，或者事情不尽如人意。但无论是何种情况，你最好说出来。试想想看，你闷闷不乐地不说话，谁又知道你心中纠结的是什么呢？

或许，我们认为很困难的事情，在别人那里却是轻而易举的。如果我们总是缄默不语，谁又会明白我们的难处呢？

最近，韩雨杰非常郁闷，一副哭丧着脸的样子，不知道的人还以为他遇到天大的难事呢。

老板发觉了韩雨杰不对劲，问他："小韩，你这几天怎么啦？一副愁眉苦脸的样子？"

韩雨杰不好意思地说："没什么。"

"有什么困难就说吧，没什么好介意的。"

韩雨杰只好说出了自己的难题。原来，房东在催他交房租，他钱不够，又没到月底发工资的时候，他一时犯了难。

老板听后，笑着说："我以为是什么大不了的事呢，原来是小菜一碟。放心，这个月的工资今天就预付你。"

韩雨杰见不开心的事一下子就解决了，露出了开心的笑容。

看看，在某些人看来非常难的问题，在另一些人看来却仅是举手之劳。

善言者多助

我们应该要明白，只有说出自己的难处，别人才可能帮你渡过难关。

杨梓枫最近要结婚了，可是手头紧，还差一万元才能付得起房子首付。他不是一个死守着困难硬扛的人，就向朋友、同学借，虽然有的人拒绝了他，但问题还是很快解决了，他也幸福地步入了婚姻的殿堂。

在杨梓枫看来非常头疼的事情，在别人看来就不一定了，好在他没不高兴的事压抑在心头，使事情得到了解决，自己也高兴起来。

我们遇到不如意的事时，有必要说出来，即便未必能得到帮助，心里也会舒坦一些。

想想，如果我们的苦恼会得到别人的关注，还有可能得到相应的资助，那我们就能轻松前行。

不要凡事都求人

在生存中遇到了难题，不可喋喋不休地向别人诉说，那样会引起别人的厌烦。我们应自立，不能总依赖别人，因为没人有义务时刻帮助你。

所以，不高兴的事应说出来，别人如果帮助我们解决那的确值得高兴的，但不能凡事都让别人去解决，只有自己努力去解决，才会使自己真正高兴起来。

【小贴士】

把不高兴的事说出来，让别人帮助我们解决，这是一种恰当的做法，但却不能凡事都求人。别人也有生存的难处，只有自己学着去解决才能从根本上解决问题。有不高兴的事解决不了，没有必要一直压抑在心头，在你看来十分困难的事，说不定在别人看来根本不值得一提。

定理30 知道随机应变

年轻人在社会上生存，不应该呆板，应该知道随机应变。一个不知道随机应变的人，很有可能稀里糊涂地被别人利用，所以我们要学会随机应变，不能太死板、太僵硬。

不用一种方式处理问题

人在社会上生存，就应该顺应潮流的发展，无论何时，都应该有随机应变的能力。在办公室里，你每天可能会遇到不同的情况，那就要学着随机处理，不要在面对不同的事情时总用一种方法，长此以往，人就会变得固执、僵化。

我们需要与时俱进，一个无论在何种情况下总用一种方式处理事情的人会被时代淘汰。

让理想转个弯

有一位养殖户，从小梦想当画家，可是他天天努力，十年如一日，却始终没有达到自己的目标。他很失望，认为自己这一辈子都没有出息了。后来，一位书法家看到他写的字非常漂亮，建议他从事书法。他听了书法家的建议，放弃了画画，练起了钢笔书法。果然，他进步很快，不久就是省里小有名气的书法家了。

书法家因为让理想转了个弯，结果获得了别样的人生。

我们在追求理想而不得时，有必要随机应变换另一条路走走，说不定会步入正轨，让自己早一日与成功接轨。关键是人不能太过于死板，以免一条路走到黑，看不到其他路上的风景。

各种情况下都需要随机应变

随机应变能使我们在面临问题时临危不惧、泰然处之，能使我们在面临突发的事件时更好地保护自己。不知道改变自我，我们会在面对突发事件时手足无措。一旦这样，离失败的日子也就不远了。

总有些事情会和我们的意愿相悖，总有些事情会让我们心不甘情不愿。在不愿意时，我们应该有具体的举措去改变，而不能固执自我。

在遇到难以想象的事情时，我们不去应对只会使事情恶化，而采取老一套的方法处理也不会收到预期的效果，只有适时地改变，才能在一切挫折、打击面前保持一颗平常心，使事情顺利得以解决，而不会因心慌意乱把事情搞砸。

当然，如何改变，如何随机应变，并没有一定的框架，这需要我们在面对具体事情时，用新的思维、新的观念去适应变化，顺利解决并得到完美的结果。

【小贴士】

随机应变就是让我们不能过于死板，要有新的思维、新的观念。当事情陷入僵局时，有必要想出新的解决对策。这样，一切才能进展下去，才不会半途而废。

定理31　学会宣传自己

让别人知道你的才干

一个人走上了社会，就需要赢得别人的认可，所以要宣传自己，通过网络、报纸等让别人了解自己。

每个人都希望赢得别人的认可，而赢得别人的认可，除了依靠自身努力之外，在没有遇到伯乐或他人赏识的情况下，就要学会宣传自己。一个有本领的人如果没有本事让别人知道其才干，就可能会被埋没，英雄无用武之地。

要知道，当今社会竞争激烈，要想赢得别人的认可，就必须让别人认识自己。只有他人深入地了解你，认为你是一个人才，你才能赢得进一步的发展机会。

陈子昂是唐代诗歌革新运动的扛旗人，年轻时从巴蜀之地来到都城长安，渴望一展身手，以获取长安文坛对他的认可。然而，长安是名都大邑，四方人才荟萃，要想在某个领域里出人头地，谈何容易！没有王公贵族的背景，没有文坛名宿的举荐，纵使有出众的才华，在长安也难以出名。

为此，陈子昂常有英雄扼腕之叹。一天，长安东市这个热闹的商业区里来了一位外地人，他手里拿着一把光亮照人、精美绝伦的胡琴标价出售。卖主对每个讨价还价的人，说的都是一句话："100万就是100万，少一个子儿不卖。"谁能够出这么多钱来买一把胡琴呢？然而，没隔几天，这个消息便沸沸扬扬地传遍了长安城。好奇之心，人皆有之。每天，从四面八方赶到东市来观看这把胡琴的人络绎不绝。胡琴一时成了长安城各阶层人士关注的焦点。

陈子昂考虑了良久，为了吸引别人的注意，决心借这把胡琴宣传自己。于是，他邀了几个朋友来到东市，拿起这把琴，上上下下打量一番，大声说："好琴，绝对是货真价实的好琴！"然后对卖主说："就依你这个价，这把琴，我买了！"说得非常干脆。围观者无不向陈子昂投以惊异、羡慕的目光，口中发出一片"啧啧"之声。同来的朋友对陈子昂说："你疯了不成？你也不想想这100万是多少钱！花这么高的代价购买一把胡琴，值得吗？你要干什么呢？"陈子昂对朋友说："我喜爱音乐，精通琴艺，买回去当然用它来演奏。我还没见到过这么好的琴，既然是好琴，多花点钱也是值得的呀。"这时人群中有人高声说："买琴的这位先生，既然你有高超的演奏技艺，买的又是一把天下无双的好琴，何不当众演奏一曲，让我们一饱耳福呢?”

陈子昂笑笑说：“当然可以。不过弹琴要有一定的气氛、条件。比如，要焚上一炷香，要有琴童侍立，这样弹起琴来才富有情趣。随随便便地奏一曲，岂不辜负了这把价值连城的好琴?”说着，他用手指指不远处的一片房屋说：“那里是宣阳里，我就住在那里。你们有雅兴听琴的，欢迎明天上午到寒舍去。我恭候你们大驾光临，也期待着才高名重的朋友莅临指导。”于是，这样一个精通琴艺、慷慨好客的人立即成了长安城中街头巷尾议论的话题。第二天上午，陈子昂家中热闹异常，一二百个嘉宾把家里挤得满满的，不少人只好站在院子里。这些人中三教九流等各色人物都有，其中以文士居多。陈子昂兴奋得脸上放光，跑进跑出，指挥家人端茶递水，忙得不亦乐乎。一位来客有些焦急，对陈子昂说：“我们慕名而来，是想听听先生演奏美妙琴声的。请快弹奏一曲吧!”

神采飞扬的陈子昂站在人群中间，大声说：“感谢各位朋友的光临。”说着他抱拳向众人施礼致谢，继续说：“我来自巴蜀之地，胸怀大志，腹有文才。我写的诗文不敢说字字珠玉，但绝不是平庸之作。我曾把诗文投献给一些知名学者，然而，他们却连看一看的时间都没有，这是因为他们还没来得及了解我。”陈子昂看到人们都在聚精会神地听着他讲话，十分高兴，便伸手从书童手里接过琴，慷慨激昂地转移了话题，“我会操琴演奏，而且技艺不凡，但我不想把时间耗费在弹琴上面，因为那是梨园弟子做的事。”

话未落音，他举起手中的琴，“嘭”的一声摔在地上，耗费百万的一把琴竟被他摔碎了。众宾客一时哗然，不知陈子昂葫芦里到底卖的是什么药。陈子昂以十分自信的口气说道：“我要做的事就是写文章。你们看，我已写好上百篇文章，我还会继续写下去的。今天，我请诸位来，就是请你们帮我鉴定一下文章的质量。如果不好，我马上放把火把它们烧了；如果还有一点价值的话，就请诸位多美言几句吧。”这时，只见小书童捧出一卷卷誊抄工整的文章，陈子昂依次送给每位来宾一卷。客人们恍然大悟：陈子昂是在借此机会宣传自己的文才。陈子昂的文才确属上乘：他的文章刚劲质朴，有西汉文学家司马相如、扬雄的风格；他的诗歌格调清新、明朗刚劲，有汉末“三曹”和“七子”的风骨。人们透过陈子昂的非常之举，进而真正认识了他。就在一天之内，陈子昂的名声传遍了长安，他从一个无名之辈一跃成为众口宣扬的新闻人物。从此，陈子昂身价倍增，大街小巷都可以听到吟诵陈子昂诗篇和的文章之声。

陈子昂善于宣传自己，一天之内名声就传遍了长安城。现在有很多年轻人也希望像陈子昂一样一朝功名在握。当然，每个人都不甘于平庸，都想出人头地。我们固然不可能一夜成名，但有必要学会宣传自己。试想想看，有同样才干的人，有人位居在上，有人为生计担忧。这其中的差别就在于，那些被万人追捧的人往往并不是因为有多么强的实力，而是知道如何宣传自己。

宣传要正面

在文艺圈，炒作、包装已经成了某些人成功的不二选择。一个人要想在同水平的竞争者中胜出，就有必要宣传自己。成功地宣传自己，你就可能摆脱枯燥、乏味的生活，不至于就默默无闻地度过一生。

当然，宣传也有负影响的一面。有人不顾对社会的影响，大肆吹捧、炒作，除了可以获得一时的功名之外，就是被大众所厌弃。

时间是最好的证明，能证明一个人是名副其实还是金玉其外，败絮其中。当然，也不要忘了去宣传自己，因为只知道埋头若干的人可能在世时会过得很穷酸，就算有可能千秋万岁留名，那也是寂寞身后事了。

【小贴士】

现在宣传自己是为了将来能够过得更好。只有让别人了解、认可你，你才能得到他人的拥护，才能在某一段落魄的日子里得到帮助和赏识，而不至于居无处所、食不果腹。

定理32 赢得别人的认可

不必太在乎他人眼光

人生在世，大都有一个目标：赢得别人的认可！我们每天不停地忙碌、不停地工作、不停地学习，皆怀有同一个目标：获得他人的认可！认可不是一时的事，而是一辈子的事。就算我们现在过得很穷酸，生无着落，急切希望地得到别人的认可，也要踏实地做好手头的事情，不必太在乎别人的眼光。当然，若现在就得到别人的认可，可能会生活得更好。张爱玲说过："出名要趁早。"但是如果急于得到别人的认可，就可能会浮躁，不再努力。我们一旦养成迎合的心里，安心地过着舒适的生活，若某一天再也得不到别人的认可，还可以舒舒服服地过下去吗？

其实，得到别人的认可不在一时。许多年轻的孩子都想及早"名利双收"，但一味地"急功近利"只会使自己身心疲急。研究表明，要想得到别人的认可，只有踏实地做好手头的工作。

踏实做好眼前事

年轻人不要把希望寄托在“一夜成名”、“一夜走红”之上，功成名就固然能获得别人的认可，使你过上了想要的生活，但那些机会是可遇不可求的。我们还很年轻，有必要抓住当下，逐步去攀登。成功不是一蹴而就的，有一个积累的过程。你在还没有成功之前，期望天上掉馅饼是不可能的，必须从现在开始努力，把目前的点滴做好，定会功到自然成的。要是你太希望得到别人的认可，而偏偏得不到，你就会否定自己的能力，而你一旦给自己打上了一个问号，就可能丧失早日成功的机会，在否定中怨天尤人地度过。

因此，要想将来长久地得到别人的认可，就要专心做事、踏实做人，当积累到一定程度时，你自然会成功，过上让人羡慕的生活。

【小贴士】

年轻人都想赢得别人的认可，但必须在时间的洗礼中去锤炼自己，同时不可太急功近利，要踏实、安心地做事、生活，待到了一定程度，自然会获得别人的认可，从而在赞美声中幸福地生存下去，而不会因“生不逢时”、“英雄无用武之地”而埋怨自己、埋怨他人。

定理33 善于借用他人的力量

俗话说：孤掌难鸣。年轻人走向社会后，要善于借用他人的力量，只有在自己努力的情况下也借用他人的力量，才能在职场上或创业中游刃有余。

网罗你的人脉

借用他人的力量，要求年轻人学会搭建自己的人脉。要知道，在社会上生存，会和很多人接触，无论是在工作、爱情还是生活上，我们都离不开人与人之间的相互帮助。年轻人要有规划性地加强自己的人脉。“千里难寻是朋友，朋友多了路好走”。朋友越多，未来的道路就可能越顺畅。当然，与善人居，如入芝兰之室，久而不闻其香，即与之化矣；与不善人居，如入鲍鱼之肆，久而不闻其臭，亦与之化矣。年轻人要有选择性地结交朋友，不可任何人都结交，而要结交一些能同甘共苦的朋友。这里，不得不提醒年轻人，朋友可以变为敌人，敌人也可以变为朋友，不要认为目前和你相处好的人一定会对你有所帮助，目前和你势不两立的人一定会对你的未来有所阻碍。其实，年轻人结交朋友，关键在于真诚。酒肉的朋友好交，知心的朋友难找！

年轻人有了朋友之后，也不能单单靠朋友的力量成就自己，亲人、上司等都可以成为借用的力量。而这里，就要谈到“贵人”。日本富豪系山英太郎说：“对于某些初次见面，或者是见过两三次面的人，我就能感受到他是否能帮助我，是否具有我没有的特质，是否能够教我许多事情。”的确，年轻人在遇到对自己有帮助的人时，往往会有一种判断：应该怎样做他才肯帮助我，他能帮助我什么呢？其实，那些比自己有能力的人，能为自己提供成功机遇的人，就是我们生命里的“贵人”。

做好自己不去苛求

有了贵人相助，自己就能早一日成功。然而，贵人可遇不可求，并不是每个人都能遇到贵人的。这时，就要求年轻人做好自己，不能一味地希望幸运降临。要知道，幸运偏爱那些有准备的头脑。一个人有遇到贵人的念头很好，但如果没有任何实力、任何潜在的能力，伯乐也不会认为你是一匹千里马的。

年轻人有必要意识到，靠天靠地不如靠自己。借用别人的力量固然重要，然而决定成败的关键因素还在于自己。只有从现在开始，既加强自身的内在修炼，又不错过伯乐的赏识，你才能不至于怀才不遇，才会早日成功。

【小贴士】

英国伟大的数学家、天文学家、物理学家牛顿说过："如果说我比别人看得更远些，那是因为我站在了巨人的肩上。"的确，一个人靠自己很难成功，必须借用别人的力量，而可以借用的人有朋友、亲人、贵人等。我们有必要意识到，别人可以帮助我们成功，但不可以把希望全部寄托于别人，毕竟最终能拯救我们的只能是自己。要是太希望得到别人的帮助，一直幻想着别人给予自己帮助，那往往会是一场空想。

定理34 掌握一技之长

我们在刚踏入社会时，总会觉得活得很累，付出很多，却依旧十分平庸。我们渴望某一天脱颖而出，然而现实让人很无奈。我们每天都在奔波，却好像始终看不到有出人头地的一天。

难道我们的一生就应该这样吗？答案是否定的！

总有一些人扶摇直上、一览众山小，是众人崇拜的典型。他们可以我们就不可以吗？我们照样可以！只要有一技之长，在某一方面足够突出，我们就会出类拔萃，成为闪光的金子。

只要一个方面优秀就足够

“三百六十行，行行出状元”，我们不可能在所有事情上都一马当先。人生很短暂，能做的事情很多，能做成功的却很少。只要在某一方面足够优秀，我们就可以算作是一个成功的人。

我们做事不可三心二意，要专注于一项事业。同时，这一项事业应该是你所擅长的，可由兴趣与爱好所驱动。

在某一方面有天赋，然后为之付出，才可能有所成就，而三心二意、马马虎虎，只会事倍功半。

找到自己的专长

在刚踏入社会时，你或许一无所长，那么难免要和别人一样经过几年、十几年的努力才能有一点点成就。社会上默默无闻、得过且过的人比比皆是，每个人都想成功，都想会当凌绝顶，如果你不甘于目前的现状，想生活得更好，就必须比身边的人突出。然而，人的精力和时间有限，你不可能样样精通，要想在某一方面成为众人效仿的对象，就必须找准方向，然后加倍努力。你不可以每件事情都浅尝辄止，必须有一技之长，这样才能从浩瀚人海中脱颖而出，成为瞩目的焦点。否则，你和别人一样再寻常不过，就会被湮没在人海中。

我们要善于发现自己突出的一面，要明白你在哪些方面上更有一技之长，没有人比你更了解自己。上天从来都是公平的，就算是瞎子，也可以准确地判断是谁来到了自己身边，这些都是“常人”望尘莫及的。而说到“常人”，千人千面，每个人都不同，世界之大，没有两个完全相同的人，你总有一方面比别人突出，而你最突出的一面只有自己明白，也只有自己才可以挖掘出来。

我们总希望云开雾散，比别人过得更好。这是一个竞争激烈的社会，每个人都希望过上好的生活，而秘诀就是你要有一技之长，要在某一方面出类拔萃，才可以赢得更多的机会。若你和别人一样寻常，没有值得挖掘的地方，你就会像大多数人一样，一生都在奔波，一生都在为生计操劳。反过来想一想，那些生活得让人羡慕的人，多半是某一行业的精英，而他们之所以能成为精英，与他们某一方面无人超越是分不开的。

【小贴士】

要想不寻常就要有一技之长，只有有一技之长才能胜任别人无法胜任的工作，才能过上比别人更为舒坦的生活。当然，有一技之长并不是让我们只做一件事，而对其他的事都置若罔闻，我们应在拥有一技之长的前提下，对其他事情也有所接触。

定理35 拥有第二种生存本领

不要只知道工作

初入社会的年轻人需要工作，但你的工作能让你一辈子不用为生计烦忧吗？说不定哪一天手头的工作就丢了，那时候我们该如何生存呢？这时候，就不能只知道工作了，还有必要想到其他的生存途径。

开辟第二职业

我们要想在踏入社会时不随波逐流，必须拥有第二份工作。我们可以在闲暇时做些额外的事情，例如做点小生意，你只要比别人多付出，多动点脑筋，就会比别人多收获，早一日过上想要过的生活。

一对情侣大学毕业后在市里租了一套房子，可是每月的房租、水电费，再加上生活开销，上他们几乎成了“月光族”，小两口工作 5 年后仍然过得很拮据。双方父母催促他们早日结婚，可如果就这么草率地结了婚，女方一旦有了孩子，他们真不敢想象生活该怎么过下去。两人越想越苦恼，觉得不能再这样“心满意足”地生活下去，必须寻求改变。于是，男生在上班之余做起了零工，赚些零用钱，女生也在空闲的时候找了份网络兼职。这样到了年底，他们有了一笔不小的收入。

小情侣虽然没有过上富足的生活，但若他们“安于现状”，不去寻找第二种生存的本领，就会吃了上顿没下顿，永远为生计烦忧，永远为生活不尽如人意而愁破了头。

做好兼职也赚钱

为什么有的人可以年薪千万，有的人却连生活都无法顾及呢？可见，人除了要做好自己的本职工作之外，还应该兼职。许多人在默默无闻之时，必须踏实地做着手头的事情，同时去寻找另外的机会。否则，只靠着手头的工作吃饭，是远远不能过上自己想要过的生活的。网络作家要是只顾写作，单凭微薄的稿费，是无法很好地生活下去的，所以必须寻找兼职来维持生活，这样才不至于为生活烦忧，才有可能写出好的作品。

王平酷爱画画，但由于生活困顿，他选择了兼职，在一家餐馆当服务生。可是，服务生不是王平的喜好，一段时间下来，王平对工作厌腻了，辞了职，一个人待在家里，什么也不做。

可是这样下去也不是办法，得生存赚钱啊！王平想画画，可那样又活不下去，所以他始终没有动笔，因为生存第一！

一段时间过后，王平又工作了，还是在一家酒店当服务生。这一次，他认真地做着事。

几个月后，他忽然有了创作的灵感，马上把这一想法画了出来，没想到这幅画以高价售出，王平赚了大钱，不必时刻为生计担忧了。

可见，兼职更容易让我们接触生活，发现其他行业里不曾见到的东西，会启迪我们的灵魂，让我们有新的收获。

【小贴士】

生存是一种本领，我们要寻找额外的生存方式，充实自己的生活，让自己多一些收入，这样就不会让自己陷入困境而不能自拔，也可以在一筹莫展时有其他途径解决难题。

定理36 多学一门手艺

社会需要我们多掌握本领

我们靠什么生存、工作？我们不可能一辈子都在做着同样的工作，总需要通过其他途径养活自己。多学一门手艺能使我们的生存路径更宽广。等我们年老时，那时会有养老金、退休金，能有更好的生活方式让自己活得更健康、更快乐。所以我们在年轻的时候要多学一些手艺，以不至于让将来的生活陷入困顿状态。我们若两手空空，一无所长，只会每天不停地忙碌，就不可能安然地生活下去。

人生之路不可能一帆风顺，我们的生活总会有坎坷、磨难。万一我们某一天遭受了意外的打击而远离了赖以生存的故乡，在异地谋生的话，我们该如何活下去？此时，一些生存的本领、手艺将会使我们在异域他乡很好地生活下去。

有选择地学习

生存是一个让人捉摸不透的话题，你为了更好地生存，为了防止将来的生活意外滑坡，有必要学一些手艺。而在你学手艺的时候，切不可盲目，要选择感兴趣、有价值的去学。没有人可以乱学一气就派上用场的，因为有些手艺需要学，有些手艺不必学。

我们总会发觉，以前学的一些东西没用了。然而，谁知道你将来从事何种行业？能用到哪些知识？在还不确定将来能用到哪些手艺的情况下，你有必要根据自己的特长与爱好有选择性地学习。你不可能学会所有的手艺，但学会一些必要的手艺对你的前程将很有帮助。我们的时间和精力有限，无法学习所有的手艺，所以有必要选择性地学习，以免做了同时追两只兔子到后来一只也追不到的傻事！

不可每一项都浅尝辄止

小美 15 岁时就去社会上打拼，迫于生计，她不得不去学手艺。起初，小美在一家服装厂打工，每月的工资不到一千，她干了半年就不想干了。之后她又学起了理发，也是凭一时兴趣，几个月后她又不想干了。就这样，小美三番五次地换工作，每一项手艺都学得不够精湛，结果，她在社会上混了5年还是一如当初，每天都要不停地工作。而那些当初和小美一起走上社会的女孩，都在所在的行业里作出了成绩，现在过得很快乐。

是啊，我们学手艺不可每一项都浅尝辄止，必须把一项手艺学好，才会在同行业里比别人优秀，继而超越别人，获得更多生存的本领。

学手艺长本领

一些年轻人初入社会时举步维艰。社会不同于学校，必须要有一些基本的生存本领，而这就需要多掌握一些生存技巧。

我们在活得无忧时，有必要告诫自己，未来不可能没有波折，当遭到了打击和不测时，传统的工作已经无法维持我们的生活，这时必须有一些手艺，以备不时之需。

一位中国女孩到马达加斯加旅游，由于她太过于留恋美丽的景色，竟在丛林中迷了路，和队友失去了联系。这对女孩来说简直是晴天霹雳。幸好她曾经学习过一些野外生存的知识，于是女孩回忆着当时书上所说的情形，去捕动物、点燃篝火、采摘野果……十日后，队友在那片丛林中找到了她，女孩得以顺利地返回中国。

要是女孩在绝望的情况下又没有生存的本领，很可能就会被困在马达加斯加，无法活着回到祖国。好在女孩曾经学习了一些生存的本领，否则她面临的将是死亡。

我们都读过《鲁滨孙漂流记》这本书，鲁滨孙之所以能在荒岛上生存下去，就是因为他有生存的本领，知道如何构建小木屋、捕鱼，才不会像其他人一样死掉。

基于以上种种事实，我们应该学一些生存的手段，以免落魄时无法生存下去。

【小贴士】

无论是身处顺境还是逆境，我们都必须好好生存下去，而多掌握一门手艺，有助于我们在遭到不测时更好地生存下去。

社会变幻莫测，人的一生很难预料，说不定哪一天就可能徘徊在生与死的十字路口，多学一些生存的本领，有助于求生，有助于在不测时死里逃生。

定理37 服从老板的安排

需要有人引导

年轻人初入社会，总有些年少轻狂，希望做自己喜欢的事情。然而，现实那么残酷，你并不一定能如愿。走上了工作岗位之后，你就要对自己的工作负责，不得有丝毫马虎。

现在工作是为了以后更好地生存，你如果意气用事，凭一时冲动做了不该做的事，往往会后悔不迭。

这时，你就需要有人引导了，老板往往比我们经验丰富，能使我们少走弯路。

不能为所欲为

有时，我们在老板面前很乖，能顺利地把事情做好；而一旦老板离开了，我们往往会开小差、偷懒。此时我们应该知道，工作并不是为了老板，而是为了自己。可以想象，工作是生活的基础，我们要靠工作吃饭，要在工作上积累经验，要是对工作马马虎虎，十几年后我们可能会一如当初，依旧过着初入贫困潦倒的生活。另外，听从老板的命令，也是我们为人处世的一条基本准则，我们不能为所欲为，需要一定的约束力。

年轻人要放弃轻狂、叛逆，融入这个社会。年轻人走上工作岗位后，就必须听从老板的安排，否则面临的就是被炒鱿鱼。今天不好好工作，明天就要好好找工作！

林强是一个独生子，年轻气盛。大学毕业时，他凭着特殊的条件进了一家大型企业。在企业里，林强有着别人没有的待遇，他很高傲，对工作满不在乎的。虽然老板三番五次地教导他要好好工作，但他都当成了耳旁风。时间久了，老板不想再让这样的“浪荡子”影响企业，就找借口把他辞退了。

不好好工作，不服从老板的安排，面临的就是再一次去找工作。我们要珍惜目前所拥有的工作，踏踏实实地做下去。我们并不是在为别人做事情，而是为了自己将来过得更好。年轻人不工作就无法生存，在这个社会上，谁也不会养一个闲人的。

年轻人走上了社会，就不能再依靠家人生活了，应该听从老板的安排，从单位的大局出发。老板喜欢对单位忠实的人，如果年轻人私心太重，只是为了找一个饭碗，往往会被无情地开除。

现今一些单位都要求员工有工作热情，热爱自己的工作，不能把工作当作跳槽的基地。走上工作岗位后，你更不能自以为是，而要耐心听取他人的意见，把工作做好。你如果足够优秀，给老板交了一份完美的答卷，老板定会更器重你，给你加薪升职，使你有更大的发展。你如果对工作满不在乎，老板就会认为你无法胜任工作，辞退你就是轻而易举的事。

服从上级的安排是义务

当然，除了在工作中，年轻人在其他方面也要服从老板的安排。和老板外出聚餐、旅游时，不能太我行我素、张扬个性，要耐得住性子，不能置老板于不顾。例如，老板让你坐在对面的位子上，你为了和老板套近乎，却非得要和他坐在一起，殊不知老板身旁的位置是为某位领导安排的，你这样少不更事，下次老板出差时还会让你跟随吗？

因此，服从老板的安排是年轻人初入社会的一条生存法则。年轻人要按捺住年少轻狂，不能想干什么就干什么，因为老板给你提供了生存的保证，你就应该听从于老板。

【小贴士】

年轻人初入社会，需要接触上司或老板。他们比我们阅历丰富、通情达理，我们必须在他们的指示下工作，就算对他们的决策不满，你可以提出意见，可以商量，但千万不可自做主张。

定理38 不让上司下不了台

没有人喜欢当众出丑

陈豪一毕业，就因为能力很强被分配到一家贸易公司工作。但干了几年后，他还是没有得到提升，而当时与他一起进公司的人有的已经做了主管，可他还是一名普通员工。其实，同事们都知晓其中的原因，只是他自己不清楚而已。有一次，主管正和公司老板一起检查工作，当走到他的办公室时，他突然站起来，对主管说："经理，我想提个意见，我觉得咱们部门的管理比较混乱，有时想找一些客户的订单都找不到。"

也许有人会说，这不是为了公司的利益着想吗？是的，他的本意没错，但我们要了解人性，谁也不愿意当众出丑啊。所以，这件事产生的潜在后果是：一方面双方心里都有疙瘩，受到指责的人因为有损自尊，终究不能释怀；那些指责他人的人又担心挨整，时时提防。主管虽然当场接受了意见，但心里一直耿耿于怀，对陈豪意见颇多，当然不会重用他。

想要开除你太容易

一般而言，上司都不想别人当众指出他工作中的不足，特别是当着自己领导的面，因为这样会影响他的前程，即使你说得再对，可如果他因此而失去了自己的职位，他还会感谢你的提议吗？如果他对你不满，也许还会做出一些不利于你的事，如：

（1）不给你事做。（2）鸡蛋里挑骨头。（3）给你做出不良的业绩考核。（4）离间你和同事之间的感情，导致你孤立！（5）当众给你难堪。

总之，你即使当时忍无可忍，但只要不想“走人”，那就千万不要在上司面前逞能，更不能当众羞辱上司！

所以，有意见一定要找一种妥善的方式和上司沟通，即使内心再不满，也不能当众指责上司，否则只能说明你还不成熟，缺乏理性。

如果你年轻气盛，不小心当众让上级出了丑，却不想离职，那就赶快向上司道歉吧，因为这是唯一的弥补措施。

【小贴士】

上司是领导、管理者，应该给他台阶下。要是让上司下不了台，以后你的职场升职、加薪都将面临困难，他可能以种种借口阻碍你的发展。更可怕的是，上司会在公司里损坏你的形象或让你无路可走。如果你还不想丢掉这份工作，要给上司台阶下，不要当众指出上司的错误，更不要在背后说上司的是非。对上司有礼，上司也会对你以礼相待的。

定理39 做公司的守秘人

保密是职业操守

每个人都有秘密，也都有为别人保守秘密的时候。有些秘密可能影响到个人名誉，有些甚至关乎国家兴亡。年轻人走上工作岗位后，就要学会为公司保密。

实际上，办公室里总有一些秘密存在，无论是商业机密还是企业改革，年轻人作为公司里的一员，就有责任为公司保密。要知道，保密是职业操守，每个员工都义不容辞。

为公司保密的十大理由

一名优秀的员工有必要培养一种职业习惯，那就是不泄露公司的机密。员工为公司保密有十方面的理由：

第一，你是公司里的一名职员，有必要忠于自己的企业；第二，你给予公司忠诚，公司才能给予回报；第三，公司发展了，你得到的回报会更多；第四，你的价值要通过工作成果来证明和体现；第五，你为公司守密是造就职业声誉和个人品牌最重要的因素；第六，公司给你提供了一个发展的平台，你应该感恩；第七，忠诚于公司，会感到工作是一种享受，否则会感到工作是一种劳役；第八，为公司守密，你的才华才不会在这个公司被浪费、贬值，甚至退化；第九，为公司守密，心灵有归宿感，不至于被公司辞退、淘汰；第十，公司喜欢为公司守密的人，不欢迎泄露公司机密的人。

因此，年轻人要意识到，在走上工作岗位之后，就不能光为自己的私利着想，而要站在公司的角度考虑，这样公司才可能给予你更大的发展空间。

【小贴士】

每个人都有隐私，每个人的隐私都不想让别人知道，更何况是公司呢？公司的机密更不容泄露。年轻人要做公司的守密人，要明白只有忠诚于公司，公司才有可能给你提供更大的发展机会。

定理40 有团队合作精神

社会是一个大家庭

你觉得一个人可以在世上安然地活下去吗？答案是否定的！我们必须和别人合作才能更好地生活。社会是一个大家庭，不是一个人的世界，单打独斗很难能成功，离开了他人，我们的生活不会幸福的。

需要和别人合作

我们迈入社会，踏上工作岗位，就具有团队精神。任何单位都不需要自私自利的人，我们需要和别人合作，在别人的帮助下前进。一个自以为是的人，永远不可能在这个社会上很好地生存。

我们要着眼于目前，无论是在生活还是工作当中，都需要有团队精神。团队能帮助我们在困难的时候渡过难关。一个人永远也不可能独自生存，必须和其他人共同生活、工作和学习。离开了他人，我们只能盲目，绝不会成功。

人都希望早一日成功，但你的成功不是靠单打独斗的，而是要在别人的帮助下获取。人总归要在合作中成就自我。

融入团队

我们要想得到大家的认可，就要在团队里付出努力，要为团队做贡献，没有一个团队愿意养一个闲人。你要为团队付出，若凡事只为自己着想，结果只是你团队剔除掉。

作家、科学研究人员一般都是一个人工作，可他们出书、发表研究报告不需要和别人接触吗？这也就说明，任何人都需要和别人合作，而和别人合作，除了要做好自己的本职工作之外，还要忠于自己的合作对象，不可背叛合作对象，只有赢得了合作对象的信任，才能获得更多的支持。

一位歌星和一家唱片公司签了约，后来又跳槽离开了这家唱片公司，给这家唱片公司造成了一定的损失。之后，就算他在其他单位能获得更大的发展，可他“背叛”了原公司，其必将少一条合作的途径。同样的事情每天都在我们身边上演。有的人贪图待遇，一旦有其他单位能给他们提供更优厚的待遇，他们就会背叛原单位转投另外的单位。岂不知这样跳槽，只会使原来的单位怀恨在心。

小吴在一家公司做会计，每月工资2500元。后来，另外一家公司许诺每月给小吴提供3500元的工资。小吴抵挡不住薪水的诱惑，就跳槽到那家公司。谁知，那家公司的管理制度、作息制度远远不符合小吴的要求，小吴工作了一段日子后又想回到原公司。原公司老板因为小吴曾经“背叛”了公司决定不再录用，小吴只好在新公司继续苦挨下去。

团队使我们强大

我们有必要对所在的公司忠诚，有必要和身边的人团结合作。团结合作能使我们更强大，无坚不摧。

古时候，一位农夫有七个儿子，七个儿子经常打架，还受到邻居孩子的欺负。农夫非常生气，把他们叫到一起，说：“你们七个兄弟，经常被别人家一两个兄弟欺负，是怎么回事?”老大说：“他们欺负的不是我，是最瘦弱的七弟。”农夫生气地说：“你就不能帮助你的弟弟吗？你忍心他们欺负你兄弟吗?”老大不说话。农夫接着说：“你现在还感受不到你弟弟的委屈，想想将来，他们一个个比你长得人高马大，比你有力气，万一别人欺负了你，他们会帮助你吗?”老大惭愧地低下了头。从此，七个兄弟团结一致，邻居的孩子再也不敢欺负他们了。

孤掌难鸣，世界并不是一个人的世界，一方有难，八方支援。我们有了团队合作的精神，就不用担心自己孤立无援了。否则，处处树敌，和每个人都合作不来，当不顺心的时候，我们该怎么走出命运的低谷呢?

学会和别人团结合作

学会团结合作吧！我们需要和别人齐心协力、共同奋进。世界不是我们一个人的，在团队的庇护下我们才能更好地成长、成才。我们现在还不够坚强，融入到团队和别人合作，会使我们在遭到不测的时候及早地驶出命运的漩涡。而不会团队合作的人，当自己需要帮助的时候别人也会爱莫能助，最终白白断送了自己的前程。

【小贴士】

世界不是一个人的世界，我们有必要和别人团结合作。团结力量大，能使我们无坚不摧。我们不能过于自私，要融入团队当中。一个人的力量太单薄，必须依靠团队、与别人合作。我们能在团队中共同前进，同甘共苦，品尝到人生的喜与乐；能在合作中更具有实力，壮大自我。

定理41 有理也要让三分

年轻人初入社会，往往比较年轻气盛，认为有理可走遍天下！此时，你要是得理不饶人，就会让对方口服心不服，一旦对方怀恨在心，你就给自己未来的道路埋下了一颗定时炸弹。

得理要饶人

年轻人有必要明白，讲理是天经地义的事情，但在某些问题上，要以宽容之心待人。得理让人，不失为年轻人初入社会的一种生存方式。

两个同事为了一点小事闹得不可开交，谁也不肯让谁。于是，他们越吵越凶，引起了主管的注意。这时，主管把其中一位同事叫到办公室，询问他具体情况，这位同事大说自己有理，主管也肯定了他的观点，他就满怀欣喜地离开了办公室。同样，第二位同事也说自己有理，主管也赞同他是对的，第二位同事也满怀欣喜地离开了办公室。

一段时间后，两位同事遇到了一起，在听了主管对彼此的看法后，双方陷入了沉思，不再认为对方无理。从此后，两位同事不再为一些鸡毛蒜皮的小事而互不相让了。

的确，每个人都认为自己有理，公说公有理，婆说婆有理。要是双方各执一词，都认为自己有理而不肯让步，事情将会没完没了，因此要善于让步。随着时间的推移，别人总会对你刮目相看，而要是得理不让人，就有可能吃亏。

一个女子走在路上，无意中吐了口痰，但因风向问题，痰刮到了一个小伙子的裤子上。见此情况，女子慌忙给小伙子道歉，并从包里掏出面巾纸要给小伙子擦掉。但恼怒的小伙子却执意不肯，并叫嚣："你给我舔了！"女子再三道歉："对不起！对不起！我给您擦去，好吗？"但小伙子不答应，双方就这样一直争执，周围看热闹的人也越来越多，无论女子怎样道歉，小伙子就是不肯原谅。最后，女子忍无可忍，猛地从包里掏出一沓钱来，生气地喊道："大家谁能把这个家伙当场摆平，这些钱就归谁！"话音刚落，人群中立刻走出两个膀大腰圆的男人，对着小伙子就是一阵拳打脚踢，小伙子一下子被踢翻在地，顿时昏昏沉沉，等站起来找那女子时，不管是女了，还是打他的人，早已不见踪影了……

小伙子强词夺理，得理不让人，结果吃了亏。一个人不能凡事都争强好胜，要得饶人处且饶人，给自己留有余地，否则只会两败俱伤！

退让要有一定限度

何必要和别人争得你死我活呢？特别是年轻人，初入社会时需要发展空间，若凡事咄咄逼人，只会和别人结下怨怼。但也不能一味地退让，以免让别人认为你脆弱，视你为欺负的对象。

因此，年轻人得理要让人，但也不可让别人借题发挥，进一步侵害自己。

【小贴士】

有人说："人不犯我我不犯人，人若犯我我必犯人。"但现在，我们可以回答："人不犯我我不犯人，人若犯我礼让三分。"只有这样，你才能和别人相处融洽，不让别人成为自己前进道路上的绊脚石。当然，忍让有一定的限度，不可一味地退让，以免别人有机可乘，让你无路可退。

定理42　不要轻易得罪人

俗话说："朋友多了路好走!"同样的道理，敌人多了，也就无路可走了!

得罪人是在剥夺自己的生存空间

在生活中，我们要学会相互帮助。鲁宾逊即便是流落荒岛，也有一位名叫"星期五"的伙伴相伴，更何况是身处竞争激烈、往来频繁社会中的年轻人。因此，"得罪人"是一种剥夺自己生存空间的行为。

第一，得罪了一个人，等同于堵住了自己的一条出路。世界虽然很大，有时人却会因为得罪人而陷入困局。特别是得罪同行，你会丢失许多合作的机会。

第二，得罪了一个小人，等同于为自己埋下一颗定时炸弹。得罪了君子，最严重的后果是老死不相往来；但要是得罪了小人，事情就会十分难缠，你会在无形中受到谣言中伤或恶言诋毁，有理也说不清。

管住自己的脾气

当一个人感到自己的利益受到侵害，或得不到他人尊重时，请静下心来想一想，切勿动气，也不要气焰嚣张、盛气凌人。因为这种人眼里只有自己，容不下别人，也没有自知之明。最重要的是，爱得罪人久而久之会养成一种习惯，老是压不住心中的怒火，会将自己推向狭窄的死胡同。

【小贴士】

年轻人初入社会，往往比较冲动，个性比较张狂，这时若遇到不称心如意的事时，切记压制住心头的怒火，不要轻易得罪人。要有宽容大度的胸怀，你退一步，他让一步，世界才会更和谐。

定理43　打破思维定势

思维定势是生活中存在的一个隐形要素，会在关键时候阻碍人的发展，却让人浑然不觉。正是因为它具有隐秘性，所以一旦突破它，人就会取得高于常人的成绩。大家知道，许多名人都有过跳出思维定势而被人称赞的情况。而我们平常人若想取得成功，在这样一个纷繁复杂、竞争激烈的大千世界中，尤其需要打破思维定势，这样才能获得一片属于自己的蓝天。

不能死守着底盘

毛一波是一个喜欢拉小提琴的年轻人，刚到美国时因没有生活来源，他不得不到街头卖艺。很幸运，毛一波和一位认识的黑人琴手一起争到一个最能赚钱的好地盘——一家商业银行的门口。过了一段时日，毛一波赚到钱后，便于黑人琴手道别，因为他想进大学去进修，也想和琴艺高超的同学切磋技艺。于是，毛一波将全部时间和精力投入到提高音乐素质和琴艺中去。

10年后，毛一波再次路过那家商业银行，发现昔日老友——那位黑人琴手仍在那块“最赚钱的地盘”拉琴。黑人琴手看见毛一波，很高兴地说：“兄弟啊，你现在在哪里拉琴啊？”毛一波说出一家很有名的音乐厅的名字，黑人反问道：“那家音乐厅的门前也是个好地盘，很赚钱吗？”他哪里知道10年后的毛一波已经是一位国际知名的音乐家，他经常应邀在著名的音乐厅献艺，而不是在门口拉琴卖艺！

我们会不会也像那位黑人琴手一样，一直死守着“最赚钱的地盘”不放，甚至还沾沾自喜、洋洋得意？我们的才华、潜力、前程会不会因为死守着“最赚钱的地盘”而白白断送呢？

人必须懂得及时抽身，离开那些看似最赚钱却不再有进步的地方，我们必须鼓起勇气不断地学习，去攀登生命的另一个高峰！

很显然，毛一波就懂得打破思维定势，不会死守着“最赚钱的地盘”不放。有眼光的人懂得利用自己的能力去发现更好的环境，这样更有利于发挥自我才能，创造更多的成功机会。毛一波就是这样成功的，而当年跟他一样起步的黑人，却还在原地踏步，被远远地甩在了后面。

换个角度想问题

在我们成长的环境中，有许多肉眼看不见的链子束缚着我们。我们经常将这些铁链当成习惯，视其为理所当然。固有的思维定势会抹煞我们的创意，使我们认为自己无法成功，然后开始向命运低头，甚至怨天尤人。其实，这一切都是我们心中那条系住自我的铁链在作祟，使我们无法转换角度罢了。我们发现这一条铁链的时候，要当机立断，挣脱消极习惯的捆绑，改变所处的环境，投入到另一个崭新的领域中，使自己的潜能得以发挥。

20世纪40年代，一个德国工人在生产一批书写纸时，不小心调错了配方，使之变成了废纸，这个工人因此被解雇了。看到他心情都陷入低谷，朋友劝解他："变换一种思路看看，说不定能从错误中找到某些有用的东西。"一句不经意的话，犹如一丝火花点醒了他。不久，他惊异地发现，那些废纸的吸水性能相当好，可以很快吸干手稿墨迹和家具上的水分。

于是，他从老板那里将所有的废纸买下来，再切成小块，换上包装，取名"吸水纸"，拿到市场上去销售，竟然十分抢手。后来，他申请了专利，并组织人大批量生产，发了大财。

我们往往会遇到这样的情况：只从一个方向考虑问题，路子越走越窄，甚至还会走进死胡同。这时，我们不妨换个角度想一想，或许会有意想不到的收获。

要创新就要打破思维定势

人们在工作和生活中会形成一些固定性、模式性、习惯性的思维方式，我们称之为思维定势。思维定势有利于常规思考，但对于创新会起到阻碍作用。所以，要实现创新，就要努力打破思维定势。诚如美国著名企业家福特所说：“人总要受沿袭已久的陈规旧习的支配，这在生活中是允许的，但在工业企业中是必须排除的恶习。”

如何打破思维定势

那么，怎样才能打破思维定势呢？

思维定势是一种格式化的东西，具有隐蔽性、持续性、顽固性等特征。思维定势一经形成，就会如影随形，紧紧地把你粘住。因此，要打破思维定势，就要充分认识其危害性。思维定势具有什么样的危害呢？我国明末思想家顾炎武在其所著的《日知录》一书中讲述了一个发生在洛阳的故事：

洛阳的钱思公非常富有，但生性节俭，用钱谨慎。他有多个儿子，他们尽管都已经长大成人，但除了逢年过节之外，很难得到一点儿零花钱。

钱思公藏有一个笔架。这个笔架是用珊瑚做的，造型美观，雕工精细，极为珍贵，是他最心爱的东西。平时，他总是把笔架放在书桌上，每天都要欣赏一番，要是哪一天笔架不见了，他就会心绪不宁，坐卧不安，然后悬赏一万枚钱寻找这个笔架。

钱思公的几个宝贝儿子很快就摸准了这一点。如果谁缺钱花了，就会偷偷地把笔架藏起来，等钱思公悬赏一万枚钱寻找的时候，就拿出来说是从外面的小偷那里追查回来的，于是一万枚钱的赏金便轻易到手了。过上一段时间，如果又有哪个儿子没钱花了，就会如法炮制一番。这样的事，在钱思公家里，一年至少要发生六七次。

讲完这个故事后，顾炎武慨然道：钱思公纯洁无瑕的品德令人赞叹，可惜他常被不孝的儿子们所愚弄。

这个故事听起来显得滑稽而夸张，人们不禁要问：世界上怎么会有这么傻的人呢？其实，从行为科学的角度讲，这是一个典型的思维定势的案例。也就是说，钱思公之所以会被他的儿子们所愚弄，就是他头脑里的思维定势在作祟。钱思公心爱的珊瑚笔架一次又一次地失而复得，其头脑中已逐渐形成这样一个框框：“我的笔架很值钱，外面的小偷总想把它偷走。只要我悬赏一万枚钱，我的儿子就一定能把它找回来。”由此可见，思维定势的确害人匪浅。思维定势形成之后，人在思考问题时便会陷入知其然而不知其所以然的怪圈，难以看到事物的本来面目。这时，你所有的聪明才智都会化为泡影，你不仅会丧失分析问题的能力，甚至不再愿意去分析问题。

你愿意成为钱思公这样的人吗？当然不愿意！既然如此，那你就以钱思公为鉴，时时给自己以棒喝，保持对思维定势的警觉吧！

商界人士常说：观念一变天地宽。刚才的故事再次印证了这一真理。这也充分说明，解放思想、转变观念的力量无比巨大。

人的思维空间是广阔的，要充分展示聪明才智，就必须突破思维定势的束缚，敢于从不同角度去思考，找到突破定势的方法。

在瞬息万变的社会，如果一味地恪守前人的经验，形成固定的思维方式，就会在思维定势中失去创新的机会。固定的思维方式容易产生偏见，而这种偏见往往带有强烈的个人色彩，容易把人的思维引入歧途，也会给生活与事业带来消极影响。

要成为一个成功的人，就必须打破思维定势的束缚。不善于换角度，根本不可能找到成功的途径。要突破思维定势，不断学习新知识，并随着形势的发展不断调整，这样才能更好地适应社会潮流。

【小贴士】

年轻人想问题要打破固有的思维模式，这样才能跳出既定的框框，看到更美好的未来。

定理44 给别人喜欢你的理由

我们一直都忘了，要想更好地生存，赢得他人喜欢也是一种途径。那如何赢得他人对自己的喜爱呢？就是得有理由让别人喜欢上我们。

人人都喜欢优秀者

无人喜欢的人，一生会过得很凄苦。让人喜欢是每个人的权利，我们有必要给别人喜欢我们的理由。我们要更好地做自己，努力成为最优秀的人，因为人们都喜欢优秀的人，而比别人突出自然会赢得人们的喜欢。

我们比别人突出可以表现在很多方面，你的外表、才华，一言一行、一举一动，气质、德行，都可以成为别人喜欢你的筹码。当然，你还要心地善良、有同情心、通情达理、胸怀博大、勇敢、勤奋、进取！这些理由足够赢得人们的喜欢，让我们每一天都活在别人的喜爱之中吧。

受社会欢迎的男性和女性

现在社会最受欢迎的男性是：

1. 才智过人的男性

因为才智过人，他们可以对生活或事业起带头作用，其思维、分析问题的角度，都与常人大不相同。

2. 健康快乐的男性

一个快乐的男性能给别人带来快乐，和健康快乐的男性在一起，能够释放压力，感到愉悦。

3. 志趣相投的男性

你们会有共同的语言，他们会懂你，你也了解他们，彼此促进、帮助。

4. 情感单纯的男性

单纯的男人不猜疑，保持一份原始天然的性情，和他们在一起，你也不会为功名利禄而斤斤计较。

5. 愿意倾听的男性

他了解你的烦恼，会倾听你的不快，为你打开一扇窗，让你看到阳光。

6. 淡泊名利的男性

这种男人沉着、稳重，不会在职场、商场等场合争得头破血流，和他们亲近，你会感到心灵上升到一个新的境界。

7. 直言不讳的男性

你不必去怀疑他，因为他总是坦诚不隐瞒。

8. 心地宽厚的男性

对别人包容、豁达的男人无疑受人们的欢迎与喜爱。

9. 细腻的新好男性

这样的男人知道照顾人，体贴关怀，让人在平淡中见到惊奇，在受伤中振作起来。

10. 人品好的男人

人品好是做人的根本，与他们交往你不会害怕受骗，更能激起你对生活的向往。

现代社会最受欢迎的女性是：

1. 善良的女性

人都说红颜祸水、最毒妇人心，一个女人如果整天机关算尽、勾心斗角，到后来只能是一个孤单的个体。

2. 温柔、贤惠的女性

我们中华民族最喜欢温柔、贤惠的女性，其是女性身上特有的品质。

3. 知书达礼的女性

一个女人的气质与教养是丰富内心的外在表现，也是拉近与他人距离的关键。

4. 有思想、有品位的女性

女人不散布流言蜚语，有自己独特的风格，无疑会吸引人靠近她，和她建立稳固关系。

5. 懂事的女性

即有尊严、自立、自强的女性。

6. 充分信任、相对自由的女性

这样的女人，你不会为她顾虑太多，不必在她身上花太多的心思。

7. 有一份稳定收入的女性

这样的女人能够做到独立，不依赖他人，具有生活能力。

8. 没有过多物质欲望的女性

人为财死鸟为食亡，贪财的女性最好远离，因为她会为了钱而不惜一切，与这样的人在一起，你迟早会被卷入深渊。

9. 拒绝灯红酒绿、不对异性过分热情的女性

这样的女人忠诚、让人放心。

10. 天真且有一点童趣的女性

这样的女人傻傻的，像天使，无论男人还是女人都会呵护她的纯真，让她保留那一份原始的天真。

11. 喜欢读书和音乐的女性

这样的女人有才华，你和她在一起，生活会有滋有味。

12. 工作能力强、有一技之长的女性

这样的女人往往是女强人，除了传统的温柔、贤惠之外，这是女人招人喜爱的又一亮点。

13. 身体健康、懂得养生之道和基本医学常识的女性

这种女性是一种尤物，能够“长生不老”，尤其是在娱乐圈，魅力不减！

因而，男性要多结交朋友，长得帅固然好，但不帅不美也可以微笑。男人还必须有事业，必须懂得积极上进，会照顾人……

女性要多才多艺，懂得体贴男性，不计较一些蝇头小利，不因物质金钱而见异思迁……

这样，你才会让自己趋于完美，在芸芸众生中成为别人喜欢的对象，最终也会因为这一份脱颖而出过上别人向往的生活。

【小贴士】

年轻人都不希望被孤立，这时想要赢得更多人的喜欢，就要有某些突出的优势，无论是外在的还是内在的。愿我们内修外炼，赢得别人的喜爱，让自己如沐春风，过上人人羡慕的日子。

定理45　尝试着去取悦别人

取悦别人的新含义

说到取悦别人，大家可能都会嗤之以鼻。的确，一个人不应该取悦别人，这是传统上的观点，而这里所谓的取悦别人和传统上是大不同的。

不要认为取悦别人就是“卑躬屈膝”、降低身份，这里所说的取悦意在做事要兢兢业业，让领导满意。一个人不可能为所欲为，在别人还不满意的情况下就应该改进，否则你就会给自己的前程造成莫大的损失。

努力做到让对方满意

人有必要低下头来，意识到获得他人肯定才是对自己最好的肯定。我们既然在社会上生存，就要做到让他人满意。无论是在工作还是生活上，我们“取悦别人”，让他人满意，可赢得信任，进而达成预期的目的。

王心如和梦飞结婚了。这对小夫妻经常为了一些鸡毛蒜皮的小事吵吵闹闹。梦飞认为不能再这样下去了，于是向老婆妥协，主动承认错误，每天下班后洗衣、做饭。渐渐地，王心如不再反感丈夫回家后不问家务了，反而因丈夫把家里照顾得井井有条而心怀感激。于是，两人又和好如初了。

他人满意是给你最好的报答

陈思思是一名图书编辑，刚到公司上班时，老板给了她三个月的试用期。试用期开始时，陈思思写书稿速度特快，可是交到老板那里，老板总是不满意。起初，陈思思都按照老板的意思改进，可是渐渐地就烦了，因为她认为改过后的文章远远不及未改的。陈思思对老板说起，老板沉默了一阵，说她经验还不够丰富，不能意气用事，听老板的没错。陈思思心里别别扭扭的，但还得听从老板的，只得一改再改。

等改到第五遍，老板满意了，陈思思看着每一次改的文章，确实自己越来越进步了。后来，陈思思离开了那家公司，到出版社上班，由于她文笔很出众，就连社长都吃惊她小小年纪竟有如此造诣。当社长质疑陈思思的才华时，陈思思说，人作出来的成绩就是让他人满意的，只有他人满意了你作出的工作才算成功。当然，无论任何时候，都要让他人满意，他人的满意才是对你最好的报答。

秉承着时刻让他人满意的生存理念，陈思思一路被提升，后来出版了长篇畅销小说，而且写了多本畅销书籍。

我们作出来的东西不是给自己看的，也不是放在家里摆设的，它必须有市场价值，无论是文艺的还是商业的，一切的一切都要由别人的喜爱来决定它的优劣。市民不需要的东西就算你再努力创造出来也无济于事，你的工作就是在服务于别人，他人满意你才能更好地去进行下一步事业。

得到认可会有更好的发展

每个人或多或少地都要和他人接触，而你要生存，就应该有你生存的理由，你拿出的东西别人不满意、不赞成，你必然会吃亏，生活上、交际上也不会那么顺利。你要让别人承认你的价值，你得到更多的认可，才会有下一步的发展。

【小贴士】

取悦别人并不是让一个人降低身份，完全听从别人的指导、命令。但无论如何，要想赢得别人的喜欢与信任，就有必要作出成绩让对方满意。这样，别人才可能对你更友好，才可能给你提供更大的发展空间。而自以为是往往会让别人毫不留情地和你“绝交”，使你以后的生活陷入艰难的境地。

定理46 说好每一句话

从踏入社会的那一天起，你就不能再像在校园里那样“两耳不闻窗外事，一心只读圣贤书”了，需要和人接触，而和人接触就必须要说话。如何说好话是一道难题，说不好会遭到嘲笑，让自己难堪，还会面临被炒鱿鱼、生计窘迫的危险。

说话并不是一件容易的事情，尤其是说好话更是难上加难。

迎合对方的口味

人常说“见人说人话，见鬼说鬼话”，虽然我们曾经对这种小人行为嗤之以鼻，但当我们进入社会，睁开眼来，会发现千人千面，人心隔肚皮，所以必须学会迎合他人的口味。这里所说的“投其所好”并不是卑躬屈膝，只是说说话要说到点子上，每一句都让对方赞同，你才有可能赢得进一步合作的机会。否则，言不由衷只会让人感到你不真诚，会丧失一次绝佳的机会。

尤其是在社交场合，说话更尤为重要。社交场中，男男女女，花花绿绿，我们总觉得和不同的人交往很累，然而出于某些方面的需求，我们又必须和他们接触，不可能缄默不语，不可能一味地点头，必须开口。你的每一句都会对对方产生影响，你话语流利、言辞中肯，会让人觉得你有修养，认为和你交往值得；你言辞闪烁、言不由衷，会让人觉得你私藏玄机，认为和你交往危险，从而断绝和你的关系。

说话是一门重要的学问

说话十分重要，说好了能让我们的事业平步青云，一马当先！所以，我们必须说好话，因为没有人可以不与人打交道。把话说好，会让你更容易赢得对方的信任，赢得合作的机会。

在现代职场中，说话已经起到相当重要的作用。我们不可不说也不可胡说，话说好了对我们的事业、前景将大有裨益。

一个女生应聘到一家公司做秘书，她不仅人长得漂亮，而且出口成章、妙语连珠。为此，老板很乐意把她带在身边出席各种场合，每逢外交场合或者重要的会议，女秘书必到。本来不可能拿下的项目，她经过巧妙周旋，稳稳当当地就让公司胜券在握。后来，她在某次商务聚会中结识了一位伦敦的商人，两人产生感情并准备结婚，生活得很幸福。

女秘书让生活有了转变，这完全归功于她的良好口才。一个不会说话的人，是无法在社交场中游刃有余的。所以，在初入社会未来还不定的情况下，你必须学会说话，把自己真实的思想表达出来，以赢得对方的信赖。有的人不会说话，就会错失一次次的良好机会。

一位硕士毕业生到一家公司应聘，人事部主管面试时，他回答问题总是结结巴巴的，主管听得很费劲，认为和他沟通有问题，于是毫不留情地将他"请"出了办公室。

可见，会说话对刚踏入社会的年轻人来说是多么重要。把话说好会让事业顺利，否则，半天吐不出一个字，每一句都让人觉得你漏洞百出，就算你真的有实力，也很少会有单位把你安排到关键岗位，你自然也就丧失了更进一步的发展机会。

【小贴士】

学会说话，并不是让我们看人下菜碟，而且让自己可以通过说"好"话，达到做"好"事的效果。如果你能将每句话都说的恰到好处，可以做到有的放矢，那便是再好不过的事情了。相信这样也可以让你的事业更上一层楼！

定理47 不嘲笑别人的缺点

年轻人刚踏入社会，总会觉得生活无聊、枯燥、乏味，于是会去寻找乐趣。我们一般不会去嘲笑那些能力比我们强的人，往往会嘲笑那些能力比我们弱的人。这样，你就犯了一个错误，因而不可以嘲笑那些弱者，贬低他们。

小人会和你斤斤计较

我们要记住，不要把别人的缺点当作谈笑的资本。遇上君子还可以，他不会和你斤斤计较；要是遇上了小人，你拿他的缺点开玩笑，你和他之间的矛盾就会由此建立，剪不断理还乱。

王强是一家公司的新员工，很爱谈笑，刚进公司时很受欢迎。王强公司里有一位木讷的同事，平时做事迟迟钝钝的，王强经常拿他开玩笑。那位同事表面上默不作声，心里却一直在伺机报复。有一次，王强出差，把工作转交给另外一个同事。那个曾经被他奚落的同事猜见时机到了，就在王强的资料上做了手脚，损害了王强在公司和社会上的形象，而且他还散布流言，暗地里诬害王强，让他蒙上不明之冤。王强很疑惑也很气愤，只好把这件事情禀报给上司。上司经过进一步调查，将那位诬陷王强的同事揪了出来。当上司问他为什么诬陷王强时，他很委屈地说，要是王强不天天嘲笑他，他根本不会想到背地里损王强一把。他渴望的是同情、理解，王强却无所顾忌，把他的缺点完全暴露出来，使他成为大家谈笑的资本。他咽不下这口气，才“以其人之道还其人之身”，也才有了后来的“悲剧”。

可想而知，王强和那位有缺点的同事都会受到上司的惩罚。王强因嘲笑别人，拿别人的缺点当谈资，可能受到上司的批评或处分，严重的话还可能被炒鱿鱼。那位有缺点的同事也一样，背后伺机报复，最终也会让别人避而远之或被上司请出公司。

换个角度想问题

拿别人的缺点当谈资，不光伤害了别人还伤害了自己。如果换个角度想想，别人拿你的缺点开玩笑，你心里会是什么滋味？世上没有一个人喜欢缺点被公开，每个人都有隐私，把别人的隐私和缺点和盘托出，会受到别人的记恨，你也不会有什么好境况。

我们知道，朱元璋原名重八，他当上明朝的开国皇帝后，儿时的伙伴找到他，希望谋个一官半职。然而，他却在文武百官面前、众目睽睽之下，谈及朱元璋儿时的缺点。朱元璋被揭了“伤疤”，很痛恨那位儿时的伙伴。结果，他不但没有谋得一官半职，还被朱元璋杀了。

这里，我们不能说朱元璋为人不够宽宏。一味地拿别人的缺点开玩笑，除了可以一时地放松之外，余下的就可能是断送自己的前程。朱元璋朋友的悲剧我们自不必说，单看看我们身边，有的人在背后说他人的缺点、坏话，却不知他的这些坏话会传到第三者耳里，让第三者怀恨在心，从而处处和其作对，让他步履维艰。与其这样，还不如容纳别人的缺点，且并不是有缺点的人都比别人差劲。海伦·凯勒耳聋、失明，却成为了19世纪美国最著名的女作家、教育家、慈善家、社会活动家；爱迪生小时候被老师视为“低能儿”，被责令退学，后来却成为大发明家。

不要去诋毁别人

我们没有理由嘲笑那些有缺点的人，想想自己，不也不是个十全十美的人。人要好好地生存下去，就不能处处树敌，拿别人的缺点当谈资，这样除了会让别人从心里记恨你，也可能毁了你的前程，让你步履维艰。

你在嘲笑别人的时候要想一想，最坏的结果是什么。你嘲笑人，会让人觉得无地自容，别人会好过吗？当然不会好过！他心里难受，日子过得昏天暗地，当然会想起你这个作祟的人，他除了怨恨和报复你，你想想看，还会有什么结果？

因此，从踏入社会的第一天起，你就不能再像在校园里那样随便开玩笑了，因为言多必失！揭露别人的缺点必然要遭别人的算计。只有怀有一颗大度的心，宽容别人的缺陷，才会赢得感激，被人视为“友人”，在以后的道路上助你一把。

【小贴士】

他人的缺点你可以指出，但不要嘲笑。你嘲笑别人的缺点，可要是遇上了君子，他不会和你斤斤计较，要是遇上了小人，你这一生可就麻烦了，他会始终纠缠你，让你遭受流言蜚语的不断。与其这样，不如坦然接受别人的缺点，变嘲笑为理解，这样，别人会对你心存感激，说不定还会在你以后的道路上助你一臂之力。

定理48 求人要保持低姿态

我们在社会上生存，总会遇到这样的时候，即主动权掌握在别人手里。不管你从事什么职业，都需要求人，都需要表现低姿态。要知道求人与低姿态是人们在生活中经常遭遇的问题，不应该逃避。

人人都需要求人

一个人在事业发展的初期，总是求人的时候多。

年轻人一定要适应社会上这种求人的现状，否则就很难在社会上取得大的发展。

如果一个人认为自己的事业发展到再也不用求人，那么你也就到了固步自封的地步。这时，你必须提高警惕了！求人既有它被动的一面，也有其主动的一面，这说明你在奋斗，在拼命地寻求自身的发展。

低姿态才会发展顺畅

在社会上，保持低姿态与一个人的道德和气节无关，有时只是一种生活方式与工作方式。

我们要认识到，有时求人和表现低姿态也是一种奋斗、一种拼搏。所以，要平心静气地接受现在的生活。对于年轻人来说，学会忍受比学会抗争是更复杂、更重要的工程。既然人人都需要保持低姿态，既然人人都需要求人，你又为何信守“万事不求人”的古训而把自己封闭起来呢？宁可忍受生活的某些不如意，把问题搁置起来而不去表现低姿态，不去求人呢？

在求人之前，一些人害怕遭受侮辱轻视甚至赶出门去的遭遇，便打出“万事不求人”的招牌，宁可忍受失败的后果也不愿去求人。其实，在求别人办事的时候，你没有选择的余地，必须用低姿态，去促成事情。

寻求帮助要有自尊

想要成功，就必须有充分的心理准备，用平和的心态去对待各种事情。当一个人外在的实力和成就还不突出的时候，尊严的支撑主要靠自尊，即尊重自己。自尊是一个人尊严的起点与基础。一个人首先要有自尊，然后才可能有真正的尊严。你不能因为别人的白眼而垂头丧气，又或因为他人的微笑而昂首挺胸的话。

如果你还没有足够的实力来应对生活、事业上的难题，那么请在社会的磨砺中，保持一颗高昂的心。哪怕是在寻求他人帮助的时候也要在礼貌谦虚的同时，学会不卑不亢，只有这样才能得到他人的认同，才能让事情更顺利地办成。

【小贴士】

年轻人求人办事，要把自己放在低姿态的位置，只有表现一种低姿态才有可能获得别人的帮助。当然，这种低姿态不是没有尊严、丧失了自我，也要有一定的度。求人办事，不能高高在上，趾高气昂的人即使能赢得他人表面上的许可，别人心里也不会心甘情愿地为你办事的。

定理49 远离利用你的人

有选择性地交往

我们走向社会，难免会遇到各种各样的人，可千人千面，你却很难读懂他们都怀着怎样的心态和你交往。有的人对你真诚相见，有的人却对你别有用心。在面对林林总总的人时，有必要让自己保持清醒的头脑，明白该和什么样的人接触，不该和怎样的人交往。

在你遇到的人中，有的人让你感激，有的人让你愤恨。那些让你感激的人可能是给予你了帮助，那些让你愤恨的人可能让你受到了伤害。对于这些让人难以捉摸的人，你要冷静思考：什么样的人值得交往，什么样的人要与之断交。

我们不可能和所有的人都建立友谊，人生在世有一两个知己足矣！然而，在大千世界遇上一个知心人亦如大海捞针。当你发现某些人在利用你，你会很气愤，此时唯一的办法就是远离他。若你不愿意离开，割舍不了，就会无缘无故地再次受到伤害。

每个人都乐于选择对自己有益的一面

我们知道，蚯蚓有趋利避害的本性，总是会寻找适合的环境生存，当一种环境不适合生存时，它们就会“搬家”。人类也是如此，每个人都不愿意受到伤害，都偏向对于自己有利的一面。

当被别人利用时，有必要快刀斩乱麻，与其一刀两断，因为只有这样，你才会免受不必要的伤害。

小雨出生在一个条件优越的家庭，他心地善良，为人忠诚。25岁那年，小雨认识了一个外来打工的女孩香香。小雨对她一见钟情，付出了很多，同时决定把自己的未来献给香香。为此，他对香香毕恭毕敬。不过，小雨始终感觉不到快乐。后来，他发现香香在利用他达到过上好生活的目的。小雨很生气，不知道和香香之间的感情是否还应该继续下去。小雨考虑了良久，决定和香香分手。

香香企图利用小雨达到私人目的，小雨远离她是应该的。我们知道，总有些人或明或暗地在我们身边扮演着不同的角色。我们应该用明智地看待世界，正确处理和周围人的关系。没有人会为你无怨无悔地付出，没有人甘愿和一个没有身份、地位的人在一起，除非他看中了你某一方面的优势，才甘愿“卑躬屈膝”。这种势利眼的人，当你处境好时，他会对你百般奉承；一旦你的人生滑落到低谷，他就会对你嗤之以鼻。不要以为有些人可以和你肝胆相照，他们看中或许是你外在的东西，而不是你这个人。和这样的人相处，到后来只会“人财两空”，后悔不已。

因此，在你刚踏入社会时，就应该看清身边的人是否对你“心怀鬼胎”。如果他们想从你身上榨取点什么，最好的办法就是远离他们。这种人总是企图一步登天，总想把别人踩在脚下，如果你遇到类似的人，唯有远离他们才能让自己更好更快乐地生活。

【小贴士】

有些人我们不忍心与之“断交”，但如果他们是在利用我们达到某种目的，就有必要与其划清界线，否则到头来受伤的只能是自己。

定理50 心往好处想

不知是谁说过这样一句话："我相信，心往好处想，事情就会往好处发展，哪怕厄运不断，正在受到最大的打击。"的确，年轻人有必要在坏事接二连三时想到好处，这样才不会认为未来没有希望了。当然，坏的事情很多，但既然已经发生了，就有必要想到好的一面。好的一面能让我们乐观，好的一面不会拘束自我。

多想想好的一面会更加乐观

有一个中年人，他最爱的妻子因为得癌症而去世了。他感觉天都塌了下来，不敢想象接下来的日子该怎么过，整天流泪，就想和妻子一同死去。可是，他舍不得家里的三个孩子。如今三个孩子已经长大成人，只是有一个还没成家。于是，他认为人生走到了尽头，终日郁郁寡欢。

亲戚来看望他时，百般地安慰他。表哥安慰他说："既然弟妹已经去世了，人死无法复生，你这样悲痛欲绝会有结果吗？要是你因此活不下去的话，弟妹会原谅你吗？想想你们的三个孩子，他们现在都长大成人，以后挣了钱你就可以享福了，为什么要活得这么不快乐呢？你不为自己着想，也要为三个孩子着想啊！"中年人依旧泣不成声。表哥接着说："三个孩子都挺有出息的，起码他们都考上了大学，现在大侄子、二侄女毕业了、工作了，虽然工资还不高，但未来会发展得很好。况且你一直疼爱的小儿子今年就毕业了，你想忍心他没有母亲也没有父亲吗？"中年人说："我也不想这样，可想想我那可怜的媳妇，就觉得心中很痛，我不知道该怎么活下去。"表哥劝慰道："你这样生气、埋怨有用吗？你去了孩子怎么办？你想以后四世同堂的幸福生活，干嘛不乐观一点呢，何必让自己完全看不到未来呢？"中年人想着想着，不觉擦干了眼泪，决定振作起来，去迎接接下来的日子。

中年人在伴侣去世后只看到悲惨的现实，难免会萌生殉情的念头，但当他看到三个孩子，又觉得未来的生活不会那么孤苦了。既然不幸已发生，就要接受现实，多想想好的一面。

无论事情幸运与否，好的一面总会让我们乐观。人生难免会有各种痛苦，好的一面会让我们更淡定，我们的人生也将走出低谷。

【小贴士】

年轻人在世上，难免会遇到很多不顺，只要心往好处想就会让事情往好处发展，就会使眼前的不顺利淡化，使我们更坦然地面对以后的日子，从而在将来收获幸福、美好。

定理 51　记住他人的名字

名字能让人出众，能让人在很多地方显得突出。我们的很多信息都会在名字上显示作用，如果想让别人对住别人名字是先入为主的关键所在。

记住名字赢得尊重

名字不只是几个字，而是一个人身份的象征。记住他人的名字会让人觉得受到了尊重，能够赢得好感。

人们都喜欢他人记住自己的姓名。记住人的名字很重要，在适当的场合叫出对方的名字，等于给对方一个巧妙的赞美。若是忘记了他人的名字，在社交场合中会很难堪。

钢铁大王卡耐基在开始创业的时候，对钢铁制造业知道的很少，他手下的很多人都比他了解。当时，卡耐基记不住各种钢铁的型号，但是能够记住不少下属的名字。

卡耐基10岁的时候就发现，人们都看重自己的姓名。利用这一发现，他赢得了很多与小朋友合作的机会。

有一天，他抓到一只怀了孕的母兔子。不久，这只母兔下了一窝小兔，但是他却没有足够的东西喂养它们。这时，他想到一个好办法——告诉小朋友们，如果谁能够喂养其中的一只或几只小兔，就以他们的名字命名，结果小朋友们都乐意照看小兔，这个问题就这样迎刃而解了。

多年之后，卡耐基将这种方法运用到事业上，同样收获极大。有一年，卡耐基打算把钢铁轨道卖给宾夕法尼亚的铁路公司，而该公司的董事长名叫艾格·汤姆森。卡耐基就在匹兹堡建了一个钢铁工厂，取名为“艾格·汤姆森钢铁工厂”。很显然，卡耐基最终把钢铁工厂卖给了艾格·汤姆森的公司。

记住及重视别人的名字是卡耐基成功的秘诀之一，他因为能够叫出大家的名字而深得员工的敬重，公司里很少发生罢工事件。

记住名字是打造魅力的开始

记住别人的名字，是尊重别人的开始，也是打造自己魅力的开始。

吉姆·佛雷的父亲在他很小的时候就过世了，只留下他和他的母亲，还有两个弟弟。由于家里生活困顿，吉姆·佛雷很早就辍学到砖厂去打工，以补贴家用。吉姆·佛雷为人热情而坦率，很受大家欢迎，不久后就转行进入政坛。在政坛里，他有一个本领让每个人都佩服，那就是能够记住对方的全名且不会出现差错。他在46岁那年，拥有了4所大学颁发的荣誉证书学位。此外，他还是民主党的骨干，最终成为邮政局的首长。

有一次，记者问他成功的秘诀，他笑着回答：“很简单，就是勤奋地工作。”记者问：“不可能吧，你不是有其他的成功捷径吗?”吉姆·佛雷反问道：“你认为是什么原因让我成功的呢?”记者说：“听说，你能够叫出一万个人的名字。”“不对，我能叫出至少有五万个人的名字!”

吉姆·佛雷就是凭借记住他人名字的过人之处而赢得成功的。在刚认识一个人时，你并不了解对方的工作、家庭状况、政治立场，而是只知对方叫什么名字。不管过了多长时间，当再一次见到对方，你若会准确无误地喊出对方的名字，这会让对方觉得温暖，从而对你产生好感。

罗斯福在竞选美国总统时，吉姆·佛雷帮助罗斯福竞选，他穿梭于各个地方，与民众亲切地交谈。每到一个地方，他都会真诚地与选民沟通。他返回之后，要写信给友人，会列出遇见人的姓名、地址，而且会不辞辛劳地写信给名册上的每一个人。在所有的信中，他都不忘亲切地称呼对方，而且会写下自己的名字。

很快，很多人对他心生好感，他有事需要帮助时，别人都会很愉快地伸出援手。

每个人都希望被记住

人们除了看重自己的名字之外，还希望自己的名字能够流芳百世。于是，有的人会捐书给图书馆，有的人会赠送文物给博物馆，有的人会热衷于各项公益活动，无非是想让自己得到更长久的认可，名字被越来越多地传扬。很多人却记不住他人的名字，理由是工作很忙，并没有时间顾及这些，结果在再一次见到对方时，就像就是陌生人一般，这会让对方觉得如同被泼了一盆冷水，会很不快。

记住名字有技巧

其实，记住人名也是有技巧的。叱咤风云的拿破仑说："即使日理万机，仍然能够记住我所认识的每个人的名字，其中的技巧很简单：如果没有听清对方的名字，可以让对方再说一遍，如果碰到不知所以然的名字让对方写，要在对方写的时候同对方的表情、特征、容貌联想在一起。如果对方是一个大人物，就要更进一步，把对方的名字写在纸张上，并仔细地将它收好。这样做，就不会很快地忘掉，能留在脑海中带给对方亲切的感觉。”

【小贴士】

年轻人初入社会，要赢得他人的尊重与好感，记住他人的名字就显得尤为重要。这会让你赢得与他人进一步的合作机会，当然也会使你有良好的发展。

定理52 跳槽要留口德

驱除心中的魔

即使一个人一生大部分时间都在做好事，但只要做过一件坏事，就足以毁掉他一生的清誉了。一个口德差的人，不管他的能力有多强，这个社会都不会给他提供合适的栖身之地，而他自己也会像一个“魔”——永远融不进社会。

我们来看这样一个故事：

一个寺院的住持给一个新来的和尚立下一个特别的规矩：每年年底，他都得对住持说两个字来总结一年的体会。第一年，新和尚说“床硬”；第二年，新和尚说“食劣”；第三年，新和尚没等住持提问，就说：“告辞。”望着新和尚的背影，住持自言自语道：“心中有魔，难成正果。可惜！可惜！”

这里，住持所说的“魔”就是和尚心里没完没了的抱怨，他只考虑自己能获取什么，却从来没想过自己能给予别人什么。这种“魔”一旦产生，随着时间的积累，他就会越来越不满，最后只能离开。

在当今社会，类似和尚的年轻人并不少见。这种人抱怨成性，不从自身找问题，这就注定了他们不可能在职场中有所作为。因为他们有一张闲不住的嘴，天天都在发牢骚，无论走到何处，都觉得别人欠自己太多，社会欠自己太多，因此他们脑子里的“魔”时刻都会出来做怪。更糟糕的是，他们每到一个新团队，总会对老团队不留口德地加以批评、说三道四，以此来抬高自己、标榜自己。

不要贬低原单位

你为何要离开原单位？这是一个求职者到新团队应聘时常常要回答的一个问题。对于这类问题，聪明的人会说一些原单位在机制、产品等方面的局限性，或自己岗位的局限性；最忌讳的就是滔滔不绝地把原单位说得一文不值，通过贬低别人来反衬自己，结果往往会弄巧成拙。

当下，许多公司在招聘跳槽来的员工时，都会增加询问原单位情况的题目。其目的有三：

第一，考察跳槽者对新公司能否忠诚，这种忠诚往往能从应聘者对原单位的评价中反映出来。显然，招聘单位对那些过河拆桥的跳槽者怀有戒心：你今天为了新工作可以把原单位说得一无是处，谁知道明天你会不会把新的单位也骂得体无完肤呢？

第二，考察跳槽者在对原单位进行评价时带有多少个人情绪的色彩。当评价带有强烈的个人情绪色彩时，就极可能成为一种为达到个人某种目的而不留口德的语言攻击。

第三，对于重要岗位的跳槽者，新公司会通过各种手段来了解其在原单位的表现。当他对原单位的攻击传出去后，别人对他的评价也就可想而知了。来看这样一个例子：

有一个叫兰兰的女孩，凭着一副秀丽的外表成功跳槽到Y单位，与她同科室的一位同事不仅不欺生，而且主动上前跟她打招呼："你跳槽后最大的愿望是什么？"她长吁一口气说："我暂时还谈不上什么愿望，我跳槽的主要原因就是再也不想见到那个让人讨厌的男上司。"接着，对方又问她那个男上司为何如此令她讨厌，她回答说："他心眼极小，爱搬弄是非，喜欢指使人，当着众人的面把别人指责得一无是处就是他最大乐趣。"殊料，她现在的顶头上司也是一个男士，在一边听了她的话后，心里就开始嘀咕：既然她能对原来的男上司说三道四，指不定哪天离开这里，我也会成为她的批评对象。罢了罢了，我还是赶紧找老板把她辞退算了。次日，她就接到了被公司开除的通知。

作为当今社会人才流动的一种现象，跳槽本来很正常。这是因为，通过跳槽人们能在新团队里找到最合适的位置，从而创造更多的价值。但如果这一步还没有达到，你就急急忙忙地大耍“嘴功”，企图以贬低老团队的手段来抬高在新团队的地位，那就大错特错了。

即使离开，也要留点口德，这样才不会把职场的路走绝。

【小贴士】

年轻人为了生存，为了找到更合适的岗位，难免要跳槽。这时，为了给自己留有退路，就不能把原单位说得一无是处。要想想原单位的好处，要对原单位有一个客观的评价，这样才有可能在新的单位顺利地生存下去，否则只会让人存有警惕之心。

定理53 好马也要吃回头草

有这样一则寓言故事，讲的是一匹优良的马从草原上经过，看见眼前全是绿油油的青草，便一边向前走，一边随便吃几口。

就在它越走越远，青草却越来越少的时候，它已经接近沙漠的边缘了。只要它回头走，就可以重新吃到新鲜美味的青草。不过，它坚持自己是一匹精良的马，不肯吃回头草。于是，它最终饱受饥饿的折磨，倒在沙漠中再也没有起来。

分清骨气和意气

在古代，有“骨气”的人，宁可被活活饿死也不会屈服，这的确是很伟大的。可有的时候，年轻人并没有把“骨气”和“意气”划分清楚。绝大多数人在面临该不该退让这个问题时，都把

“意气”当成“骨气”，或者用“骨气”来包装“意气”，明知“回头草”又鲜又嫩，却怎么也不会肯回过头去吃。

坦然地面对现实

年轻人不吃回头草就会被饿死，而吃“回头草”时又会遭到周围人的非议。其实，全然不要顾忌那么多，你只要认真诚恳地吃，填饱肚子，养肥自己就行了！何况时间一久，别人也会忘记你是一匹吃回头草的“马”，甚至当你吃出成就时，别人还会叹服：果然是一匹“好马”！

在面对残酷现实的时候，饿死的“好马”就变成了“死马”，再好也只是一匹“死马”。

在现实生活中，有许多这样的例子：A 君因故被炒鱿鱼，一个星期后，老板要他回去，他以“好马不吃回头草”为由愤然拒绝。

B 君被女朋友甩了，可是过了一段时间，女朋友回头向他认错，要求重归旧好，B 君也以“好马不吃回头草”无情地拒绝。

这句“好马不吃回头草”不知让多少人丧失了绝好的机会。绝大多数人在面临该不该回头这个问题时，往往意气用事，明知“回头草”又鲜又嫩，却怎么也不肯回头去吃，还自以为这样才是有“志气”。所以，在面临是否回头这个选择时，年轻人要考虑的是现实，而不是面子与志气问题。

衡量是否值得回头

现在有没有“草”可以吃？如果有，这些“草”能不能吃饱呢？如果不能吃饱，或者目前无“草”可吃，那么未来会不会有“草”可吃呢？还有，这“回头草”本身的“草色”如何呢？值不值得自己回头去吃呢？

这时你要明白，若“回头草”不好，不吃也罢，如果是棵好草，就应该回头吃了。刘备是匹“好马”吗？是的，可是他仍然会三顾茅庐去请诸葛亮，而且是必使之出山，成为千古佳话。

【小贴士】

如果一个人是匹好马，就应该明白“回头草”是该吃还是不该吃。如果草不好，就无需回头，如果是棵好草，就应该回头吃了。人应该学会变通，有必要时就可走回头路，因为走回头路能让一个人重振旗鼓，不至于走到穷途末路。

定理54 给自己重生的机会

年轻人会多次跌倒，也许大家都想扶你起来，可关键是你自己是否想站起来。机会不是别人给你的，而是自己给自己的。在面对失败时，你是否愿意同它进行抗争，给自己一次重生的机会。有的人也许会就此消沉，有的人则会咬紧牙关努力奋斗，让自己坚强地站起来，结果肯定是非常美好的。但是，涅槃的过程是何其艰辛的。能够给自己机会的人，绝对是勇敢的人、聪慧的人，他们相信暂时的苦难不会击垮自己，自己最终会迎来胜利的阳光。

不幸时不放弃自己

巴雷尼小时候因病成了残疾，她母亲心里就像刀绞一样难受，可她还是强忍住自己的悲痛。她想，孩子现在最需要的是鼓励和帮助，而不是妈妈的眼泪。母亲来到巴雷尼的病床前，拉着他的手说："孩子，妈妈相信你是个有志气的人，希望你能用自己的双腿，在人生的道路上勇敢地走下去！好巴雷尼，你能够答应妈妈吗？"

母亲的话，像铁锤一样撞击着巴雷尼的心扉，他"哇"的一声扑到母亲怀里大哭起来。

从那以后，妈妈只要一有空，就帮巴雷尼练习走路、做体操。体育锻炼弥补了残疾给巴雷尼带来的不便。母亲的做法更是深深教育了巴雷尼，他经受住了命运的严酷考验。他刻苦学习，成绩一直在班上名列前茅，并以优异的成绩考进了维也纳大学医学院。大学毕业后，巴雷尼将全部精力致力于耳科神经学的研究，最终登上诺贝尔生理学和医学奖的领奖台。

巴雷尼虽然遭遇了人生的不幸，但他并没有就此放弃自己，而是给自己一个继续站起来的机会，用辛勤的汗水换来了美好的明天，终于成为伟大的医学家。

巴雷尼懂得给自己一次重生的机会，他不屈服于不公平的命运，用倍于常人的努力和付出来改变自我的命运，而结果证明这个做法是正确的，因为成功只会垂青于勤奋的人。

相信自己才能自我拯救

命运常常会跟人开玩笑，让人陷入困境之中，这个时候过多的悲伤和痛苦都是无用的，那只会让自己在这个泥潭中越陷越深，难以自拔。聪明的人从来都不责怪命运，因为那都是没有意义的，关键是如何让自己从中脱身出来，重见生活中的美好阳光。那就是要给自己一次重生的机会，相信努力和奋斗肯定换得一个美好的未来，而事实也确实如此。不管命运多么悲惨，不管前途多么渺茫，请一定要相信，只有我们才能救自己，只有相信自己的双手，才能取得成功。

在一次火灾中，一个小男孩被烧成重伤，下半身失去了知觉。出院后，他只能靠妈妈每天用轮椅推着到院子里转一转。这样的日子持续了很长一段时间，小男孩依然这样依靠妈妈生活着，而妈妈也非常细心地照顾着他。

直到有一天，妈妈推他到院子里呼吸新鲜空气，却临时有事离开了。迷人的景色让他的心从沉睡中醒来："我一定要站起来！"内心的一个声音呼喊着。他奋力推开轮椅，用双肘在草地上匍匐，爬到篱笆墙边，努力扶着墙站起来，并尝试练习行走。他明白自己，终有一天要离开妈妈一个人生活的。所以，他必须学会站起来，像正常人一样行走。

时间一天天地过去，他的双腿始终软弱地垂着，没有任何知觉。可他不甘心就这样一直在轮椅上生活，于是握紧拳头告诉自己：未来的日子里，一定要靠自己的双腿来行走。终于，在一个清晨，当他再次拖着无力的双腿紧扶着篱笆行走时，一阵钻心的疼痛从下肢传来。他惊呆了，自从烧伤后，他的下半身再也没有过任何知觉。他怀疑是自己的错觉，又试着走了两步，那种疼痛又一次清晰地从下面传来。在不懈的锻炼下，他的下肢终于开始恢复知觉。

自此以后，他的腿恢复得很快，有一天竟然在院子里跑了起来。从站起来到走，再到可以自由地跑步，他的生活一天天地发生着巨大的变化，渐渐地，他可以和其他正常男孩子一样自由自在地奔跑了。但是，他并没有就此满足，依然进行着刻苦的训练。他的生活与一般的男孩子变得并无两样，他到读大学时，还被选进了田径队。

故事里的他就是葛林·康汉宁博士。他的例子告诉我们，给自己机会就是给未来机会。困境其实不能困住人，而是在考验我们的意志，关键是我们是否真的想困住自己。害怕再一次的失败，惧怕命运的不公，会让我们放弃去奋斗。如果想摆脱现在的困境，就要给自己一次机会，只有给自己改变的机会，才能给自己一个美好的未来。

【小贴士】

年轻人在困难面前不要吝啬自己的付出，也不要瞻前顾后、畏缩不前，只有大胆地行动，才能给自己一次重生的机会。

定理55 接纳他人的批评意见

年轻人初入社会，就如同初生牛犊不谙世事，总认为自己做得很对，不屑于别人的批评意见。岂不知此时你犯了一个错误，不接纳别人的批评意见，只会让人们远离你，使你陷入孤独的境地。

没有人会一直督促你

在学校，老师会不厌其烦地指出我们的缺点，但走上社会后，很少有人能像老师那样直接而诚恳地指出我们的缺点。社会不同于学校，没有人会一再教导我们。我们在学校里学的是文化知识，在社会上学的是社会经验。领导也好，同事也罢，批评我们，给我们意见，我们不能把对方当成是不怀好意，而是要当作一种帮助、一种鼓励。我们不能再像儿时那样轻狂、意气用事，当别人批评我们时，要勇于接纳，不要动不动就和别人针锋相对。其实，别人的批评是关心我们的一种方式，只有勇于接纳，才能让自己进步。

做到让对方满意

人活在这个世上不是做给自己看的，而是做给别人看的。他人的满意是给我们最好的报答，我们要尽量事事让别人满意。凡事让别人满意，就会赢得赞誉，从而一帆风顺、马到成功。而我们之所以不能事事如意，就是因为我们不能够让别人满意。别人对我们有意见，当然要批评，在别人批评时，我们要虚心接受，特别是对于老板的批评，更应该认真听取。

小赵刚上岗不久，工作很用心，然而成绩始终不见起色。老板找到他，严厉地批评他。小赵虚心听取，力求改进，业绩越来越让老板满意，他的待遇也日益提升，日子过得越来越好。

小赵听取老板的批评意见并加以改进，就能很好地在职场生存下去。相反，不去接纳别人的批评意见，只会使自己的前程陷入一片灰暗。

小龙工作三年了，认为自己可以单独完成一些工作。老板让她负责一些工作，但对她的执行结果不满意，并严厉地批评了她。小龙怀恨在心，表面上应承，心理却很不情愿。事后，小龙屡屡犯错误，老板屡屡批评，她觉得无法在公司待下去了，只好另谋高就。

不接纳别人的批评意见，最可能的结果就是我们被别人排斥，特别是在工作中，如果不听取上级的意见，我们只会丢了饭碗。

小马是一位恃才傲物的大学生，刚到工作单位时，负责管理他的一位同事经常指出他的缺点，小马很生气，就和那位同事大干了一场，把他打成重伤。事后，小马无法在单位呆下去，还承担了相应的赔偿。

通过小马的故事我们得知，对于上司批评要虚心接受，而同事批评也要接受。不要以为别人不如你就对别人的批评嗤之以鼻，其实初入社会要想获得发展，就必须低下头来，虚心地听取别人的意见。当然，别人的意见可能有对也有错，对于那些善意的批评、对我们有利的意见，要予以接受并加以改正；对于那些恶语中要反驳，使对方适可而止。也许上司的批评会让我们心中不满，你可以说出不服的理由，但不能不听取。

因此，我们应接纳别人的批评意见，无论是同事、上司，还是朋友、亲人的，都要虚心接受。对我们有利的要加以改善，对我们不利的可以说出自己的想法，但不要和上司、长辈顶撞。我们做到了善于接纳别人的批评意见，就能在以后的生活中不再犯以前的错误，从而越来越优秀，在这个社会赢得更好的发展。

【小贴士】

对于他人的批评，不要认为对方心怀恶意，

从而心生敌意。没有人会无缘无故地批评你，批评当然是因为你身上有某些缺点。你要善于接纳，并改善自我。我们毕竟还很年轻，社会经验还不足，他人的批评多是善意的，虽然当下你看不出对自己有什么好处，但若干年后你就会意识到，幸亏你当初没有反驳别人，否则后果将不堪设想。

定理56　纠正不良的个性

常听人说："江山易改，秉性难移。"这种说法只是一些没有优良个性的人为自己寻找的开脱的借口罢了。人的性格会受各方面的影响，生存环境、家庭状况、所接触的人、现实的生存压力，都有可能对你的性格造成影响。

人之初，性本善

人的性格本没有好坏之分，即"人之初，性本善"，只是后天的环境让我们形成了不同的个性。我们有必要纠正不良的个性，例如好斗、冲动、嫉妒、猜疑，如果我们任由这些不良个性发展，只会使我们的处世、交流产生不必要的摩擦，造成误解。

改变不良的个性

当今社会，人们都不喜欢嗜酒、吸毒、赌博、斗殴的人，如果你有这些不良习性，有必要加以改正。你身上若存在这样那样的缺点，就没有人愿意和你接近，你一旦被疏远了，就可以试想将来的生活将会怎样。我们不难发现，许多单位都对员工提出了某些方面的要求，例如上班时不能说话、不能聊QQ等。如果你无法控制自己，最大的可能就是被辞退，而一旦被辞退了，你的生活将难以支撑。

我们要从现在开始纠正不良的个性，只要有决心加以改变，还是“秉性易移”的！譬如，你是一个性格内向不善于沟通的人，想更好地融入群体，就可以多参加一些社会活动，多学习一些口才与交际上的能力；如果你不想让嫉妒的“肿瘤”在心中蔓延、泛滥，你可以试着去欣赏别人的优点，发现他人身上值得学习的地方。

个性并不是不能改变的，不良的个性也能改变为优良的个性，关键还在于我们知不知道改变，以及如何去改变。

养成优良的个性

人应该纠正自己不良的个性，同时学会养成优良的个性，这样才更易于赢得他人的尊重，并赢得机会。拥有了这些机会，你就能很好地走下去。若没有这些生存的机会，你将来的生存定会不如意。

因此，有必要纠正不良的个性，这也是重塑自我的重要工程。它可以使我们由从被别人厌弃到被别人欢迎，从很难在这个社会上立足到拥有更大更好的发展余地。

【小贴士】

年轻人都想具备优良的个性，优良的个性能使我们很好地适应社会。如果你身上存在不良的习性，无疑会给前途抹上污点。而这些不良的习性是可以纠正的，只要我们做到了，就可更好地在社会上生存。

定理57 把生气用得恰到好处

你会生气吗

人人都知道生气，但并不是人人都会生气。生气是一门技术活，并不是我们牙根发痒、暴跳如雷就算是生气了。生气要掌握一定的策略，这样才能够达到效果。

想想，在这个社会上生存，和不同的人打交道，这当中会有很多人令我们生气。但即便我们气得吃不好饭、睡不好觉，对方也可能满不在乎，最后受伤的只能是我们自己。

该生气时就生气

在别人触怒我们时，不要动不动就发脾气，首先要忍让。忍是一种品德，如果有的人得寸进尺，就有必要生气，不然会让人认为你软弱可欺。我们生气一定要达到效果，要明白为什么生气、如何生气。

脾气不要暴躁

生气要有一定的限度，我们不可无缘无故地生气，脾气不能过于暴躁，在忍无可忍的情况下才可以生气，可要是动不动就生气，只能让人避而远之了。

程天乐在一家公司上班，是公司的主管，管理着众多下属。每当下属交上工作成绩时，他便左一个不满意右一个不满意，在办公室里大发雷霆，每一个员工都被他批得晕头转向。于是，员工们开始疏远他，很多有能力的人甚至选择了跳槽。程天乐被孤立了，事业上更是一落千丈。

程天乐动不动就大发脾气，让人敬而远之，那样的瘟神谁都会害怕，到最后只会使自己孤立的。

遇到挫折要淡定

马文博刚大学毕业，在大学里学的是英语，自认为学得很不错，而且非常自信自己的翻译能力，因此寄了很多份英文简历到外资公司去应聘。他自认为英文人才是就业市场中的绩优股，肯定人人都抢着要。

然而，让马文博意想不到的是，几周过去了，他投出去的应聘信函却了无回音，犹如石沉大海一般。马文博的心开始不安起来，又过了一段时间，他收到一家公司的来信，信中毫不留情地说："对不起，先生，我们并不需要你这样的'人才'，因为从你写作的功底来看，就像是初中生的水平，连一些简单的常识也出错，看样子，你还需要再学习一段时间！"

看了这封信，马文博火冒三丈，决定再写一封回信痛骂对方一番，以消心中的之气。

然而，就在提笔时，他心想：别人应该不会无缘无故地批评自己，一定有他的道理。不如诚恳地寻求别人的原谅，说不定还会有意想不到的效果。于是，马文博怒气渐渐平息，写了一封致歉信。

没想到，马文博对自己不足的歉意以及虚心向学的态度，竟然赢得了那家公司抛来的橄榄枝。

你在遇到不高兴的事时，能否淡定呢？千万不可意气用事，我们要自信，多多鼓励自己，结局往往会出人意料。

争气而不生气

王宝刚是一家娱乐公司的小歌手，因为身高不高一直没能成名，但他没有放弃。有一次，他所在的城市举办了一场新兴歌手选拨赛，王宝刚想利用这个机会闯出名声。面试时，主考官看了他一眼，轻蔑地说："就你，还想成名？你先回家去好好照照镜子吧！"

"我怎么了？不要小瞧人！我有才华，一定能成为明星！"在别人的嘲笑声中，王宝刚被推到了门外，但是他不服，大声地喊着。路过的人看到王宝刚都笑了，以为他是一个傻子。王宝刚并没有因为大家的行为而生气，昂首挺胸地离开了。这样的场面王宝刚不知遇到过多少次，但是他从没放弃过。因为对音乐的执著追求，奇迹终于出现了，当地有一个非常有名的制作人很欣赏王宝刚的才华，于是主动跟他签约，王宝刚终于实现了明星梦。

生活中总有不少人，因为一时生气而放弃努力，不去实现自己的梦想。我们不必生气，而应该以不断的努力代替生气来实现自己的梦想。

【小贴士】

生气要运用得恰到好处，既不能无故地发脾气，也不能让别人得寸进尺，必须很好地掌控自己，这样才能既不得罪别人，又赢得别人的尊重。

定理58　虚心地向前辈请教

解决不了的问题要求助他人

许多年轻人在遇到自己不能解决的问题时，往往羞于向别人启齿，或者不好意思麻烦别人，这是不对的。要知道，一个人有困难如果不去解决，以后遇到同样的困难还是解决不了。无法解决时，就有必要向前辈请教。

请教讲策略

年轻人向前辈请教时，应不让对方为难。

小马是一所名牌大学的毕业生，在一家事业单位工作。他初到单位时，老总让他负责起草各式报告。由于小马对公文写作不熟悉，每次写好后都先拿给科长审阅，科长满意后，小马才把资料拿给老总。渐渐地，小马把资料写得越来越好，可科长仍旧对他写的资料东涂西抹、不留情面，但小马依然虚心地请科长批改。

同单位里另一位同事小赵，就忍受不了科长千番百次的修改，认为科长的水平没有自己高。于是，他不再请科长修改。

一年后，小马写的报告已经近乎完美，小赵还是像当初一样屡犯同样的错误。老总基于对小马和小赵工作能力的考察，给小马升了职加了薪，而小赵还停留在原先的位置。

看吧，不去虚心向前辈请教，就始终无法提高自己。所以，年轻人在经验还不丰富的时候，有必要放低姿态虚心向前辈请教。前辈那里有自己无法学尽的知识，请教远比自己苦苦摸索要好得多。

同样，有一位年轻人是高材生，被分配到一家研究院工作。有一天，年轻人到单位后面的小池塘去钓鱼，恰巧正所长、副所长也在钓鱼。不一会儿，正所长放下钓竿，伸伸懒腰，从水面如飞地到对面上厕所。正所长上完厕所后，又从水面飘了回来。年轻人看得傻了眼。

又过了一会儿，副所长也重复了正所长的动作。年轻人很纳闷。

过了大半天，年轻人也尿急了，又不好意思向正、副所长请教。于是，年轻人学着正、副所长的样子，可刚踩到水面就“扑通”一声栽到了池塘里。正、副所长闻声赶紧将年轻人拉了上来。

看着浑身湿淋淋的年轻人，正、副所长相视一笑。年轻人不明就里，正所长说："池塘里有两排木桩子，这几天下雨涨水把柱子淹没了。我们知道木桩子的位置，可以踩过去，你不知道它们的位置，怎么能过去呢？"

试想想，要是年轻人提前向正、副所长请教的话，就不会掉进池塘里了，只可惜他不知道请教，演了一出闹剧。

在现实生活中，一个人应放下姿态向别人请教，从其他人那里学到自己不会的东西。孔子说："三人行，必有我师焉。"年轻人除了向前辈请教之外，也应该向比自己年龄小、有学识、有经验的人请教。只要能学到不曾学到的知识，年轻人就有必要放低姿态虚心地去请教，这对年轻人将来的发展将大有益处，使自己不至于犯同样的错误。

【小贴士】

年轻人有必要放低姿态，虚心向前辈请教，择其善者而从之，其不善者而改之。要学别人的长处为己所用，这样才能逐步提高自己，让自己更具有实力，从而在这个竞争日益激烈的社会立于不败之地。

定理59 结交良师益友

结交人有分寸

年轻人在社会中结交的人不可能像学校里那样单纯，可是男男女女，花花绿绿的，应该和什么样的人结交呢？

你应该明白该结交什么样的朋友。你遇到的人当中，有教师、学生、工人、农民、老板、教授等，有的为人欺诈、有的为人和善、有的急功近利、有的淡泊名利，你应该明白该和哪些人结交、不该和哪些人结交。

寻找知心的朋友

“千里难寻是朋友，朋友多了路好走”，这是毛阿敏演唱的

《永远是朋友》里的一句歌词。我们在社会上不能没有朋友，然而酒肉朋友易结，知心的朋友却千里难寻。

每个人都希望遇到知己，可在人潮当中，哪几个才是自己的知己呢？于是，我们一生都在寻找。俞伯牙在没有遇到钟子期之前，认为没有人赏识他。遇到钟子期之后，二人才传出“高山流水”的佳话。当你一个人听着古典名曲《高山流水》时，你有没有想过，其实我们身边就有一些知己是不能错过的。

良师益友会带来好处

世界上的人很多，我们能遇见的只是少数，特别是能和我们走到一起的更是少之又少。我们不要太奢望能遇到知己，其实身边默默关心你的人都值得去珍惜。

在你遇到的人中，有的人是你的长辈，有的人和你年龄相仿，长辈我们可以呼之为“老师”，年龄相仿的我们可以称之为“朋友”。他们能够帮助我们纠正错误，步入正轨，是真心地为我们好，这样的人不求回报，值得结交。

如果你遇到一些良师益友，他们可以在你前进的道路上帮助你，千万不要错过，不要认为他们帮助你是理所当然的。你应该心存感恩，对帮助你的人予以回报。滴水之恩，当涌泉相报。韩信当初遇上漂母，若没有她的一饭之恩，韩信不会活下来，更不会成为西汉王朝的开国功臣。而何为良师，何为益友呢？并不是帮助我们的才是良师益友，那些心地善良、品质高洁、知识渊博、待人真诚的人，也是值得我们结交的良师益友。

好人和坏人是可以转变的

良师益友并没有一定的界限。在我们初入社会时，有必要多结交一些良师益友。一个人一辈子会很孤单，我们应从良师益友那里学到更多有效的知识。社会是一个大家庭，我们踏上社会后，所有人都可以成为我们的朋友。

因此，应有选择地结交良师益友，不要看不起那些没有我们过得好的人。

人总是会变的，并不是坏人就一直是坏人，有时在特定的情况下，那些你认为坏透的人也会成为你的良师益友。但并不是说帮助我们的就一定是良师益友。我们结交良师益友要有原则，既不能伤害别人，也不要把别人置于死地。当然，如果别人确实对不住我们，你就有必要和他绝交。你只有和那些“忘恩负义”、“过河拆桥”的人一刀两断了，才能减少不必要的麻烦，继而过得越来越好。

【小贴士】

世上的人很多，良师益友应多多益善。然而我们认识的人毕竟有限，应好好地把握住身边的良师益友。良师益友会成就我们的一生，损友则可能让我们蹉跎一生。

定理60 不过于计较别人的过失

宽容不斤斤计较

一个宽容的人不会和别人锱铢必较，而一个不懂得宽容的人很难得到别人的谅解。

一个无所事事的小青年，有一天看到一位传教士来村子里传教，就想捉弄他一番。于是，他说了很多难听的话。但传教士似乎没有听到，也没有对小青年大发雷霆。小青年忍不住了，冲过去问："你没有听到我在羞辱你吗？怎么不闻不问？"

传教士很有礼貌地说："我现在有正式的工作，没有那个心思去理这些事情。"

小青年听后更觉得奇怪了："我这么诋毁你，难道你是一个没有尊严的人？"

传教士笑着说："给你打个比方吧，如果有人送另一个人一件东西，但那个人并没有接收，这个东西属于谁啊？”

小青年说：“当然属于送东西的人了！”

“这就对了，你送我的我没有接受，你可知你送我的东西跑到哪里去了？”

小青年听后很羞愧，只好灰溜溜地离开了。

传教士所传达的意思正是宽容，宽容比起以暴制暴的方式将更加有效。宽容会营造一种气场，会征服别人的心，计较则会给自己带来不便。那些大人物往往是宽容的人，他们会以内在的涵养得到别人的好评。相反，小人物则会斤斤计较，因而失去了“人和”。

计较的人难以成功

梁光是一名插画师，水平可谓一流。然而，朋友却有意疏远他，连妻子也对他不满。这是怎么一回事呢？原来是他的“品位”闯下了祸。

和朋友一起吃饭时，他会因为餐馆的服务不到位而和服务员大动肝火。有一次，他又因小事和他人产生了不快，很多在场的朋友都感到很尴尬，他回家后妻子还和他吵了一架。

梁光喜爱读报，如果报没有及时送来，他就会训斥送报的业务员，有时候还会打投诉电话。

正是因为他斤斤计较，很多朋友都不敢和他亲近，他和同事也存有隔阂。像梁光这样斤斤计较的人，是难以获得成功的。你即使有“天时”、“地利”，但如果失去了“人和”，到最后也有可能功亏一篑。

没有宽容之心的弊端

心理学家认为，没宽容之心的人不光会排斥别人，还会受到别人的排斥。而且，心理学家也出了如下总结：

没有宽容之心的人，内心不会坦然，时常忧虑，谈不上快乐，甚至时常感到痛苦；没宽容之心的人，会时常感到不平衡和不满足，经常与人产生分歧，内心有太多的疙瘩；没宽容之心的人看不到长远，算计眼前，如此劳累，难免身心疲惫；没宽容之心的人会想得到更多，结果却失去更多，因此平添许多烦恼；没宽容之心的人会处处设防，心里不阳光。

没必要为不起眼的小事计较

我们不必为了一点小事与人计较，常怀宽容之心，会让别人更加感恩。尤其是在这个人际关系越来越复杂的社会，在和陌生人交流时，遇到干戈要以宽容之心去处理。

有一个年轻人心胸狭窄，所以活得很不自在，为此去请教自己的老师。老师听完年轻人的诉说之后，拿出一本地图册对他说："在这本地图册里，各个国家、各个城市都描绘得淋漓尽致。如果把我们的国家放上去，就只有那么一点点；如果把我们所在的城市放上去，就更小了；再把我们个人放上去，就什么也看不清了。很多时候，我们会为了渺小得再不能渺小的事情斤斤计较，这其实是大大不必要的啊！"

年轻人听后似乎明白了很多，心胸变得开阔了，人生也因此充满了乐趣。

我们会像年轻人一样为了不起眼的小事斤斤计较吗？这就会把人生耗费在一些无所意义的事情上。

心理学家的两条建议

计较会让我们失去更多的朋友，计较也是我们冷漠孤苦的开始。

针对这些，心理学家建议应明白如下两点：

其一，不要把自己总当一回事。一个总爱把自己当回事的人，会目中无人，眼里容不下一粒沙子，难免会看到任何人都觉得厌烦。你不喜欢别人，别人也不会喜欢你，此时提升自己的宽容之心，就显得尤为重要。

其二，放宽心胸，宽容别人也宽容自己。如果你能够做到容纳所有，那么你就会在人际交往中无所障碍。我们不要只想到自己的利益与好处，也要多想想别人的得与失，尤其是在别人犯了错误的时候也要原谅他人，这样才会有博大的胸怀，“海纳百川，有容纳大”！

【小贴士】

年轻人难免会为了芝麻小事而计较，这样只会让自己生活得不自在，与幸福之间筑起一条鸿沟。只有常怀宽容之心，才不会和别人产生隔阂，才能在遇到一些小磕绊时从容应对。

定理61　不错过重要的东西

什么是不该错过的

有一个男孩最近正在为错过而抱怨："我常常为了错过而自暴自弃，但到最后才发现，有些东西有些事并不值得我去在乎。可是，我在错过的时候为什么就放不下呢？我不明白，什么东西该错过什么东西不值得错过？为什么世间有好多事情让人捉摸不透，到底什么是值得我拥有什么，是值得我放弃的呢？我很纠结，很不淡定。"后来，男孩咨询了心理医生，心理医生的一番话犹如醍醐灌顶，让他顿时醒悟："在很多时候我们错过了会怨恨顿生，然而到最后才发现那些错过的东西并不值得我们去在乎。但是，总有一些人和物一旦错过了就有可能后悔一生。那么，到底什么是值得我们珍惜呢？简单来说，那些会伴随我们一生的，如亲情、友情等不能错过，而另一些枝枝丫丫的东西，如金钱、名誉等是可以错过的。

我们有必要正视这一点，值得珍惜的东西会影响我们的一生，可以错过的东西却只是在某一阶段能够影响我们，且随着时间的推移它会对我们不起作用。明白了这些，你就能不错过最重要的东西，也就不会为了错过一些不值得计较的东西而埋怨自己。”

心理医生的话很有道理，不错过最重要的东西，才能更好地生活。

面对错过振作起来

下面是一个实例，说明了错过不值得的东西后应该振作起来的道理：

杨浩天最近因为失恋总是心神恍惚，他痛苦地待在家里，不知道该如何去面对。

同事乐小米知道这件事后，来到杨浩天的住处，看到他无精打采的样子，乐小米说：“何必为了不值得的女人埋怨自己呢?”杨浩天说：“我一直相信我们会在一起，可是她竟然和一个有钱人好上了，我真不明白，十万多块钱就可以换取我们三年多的恋情。”乐小米劝慰道：“那样的女人放弃了你不值得再去留恋，要知道，那样的女人在乎的是金钱，而不是你们之间的情分。”杨浩天说：“可是，我忘不了她。”“难道你要让她纠缠你一生吗?”“我始终想不明白，她为什么会变心，难道就是因为别人比我有钱吗？我错过了她，可能不会遇到更好的了。”乐小米说：“怎么会呢！那样的女人只会让你受伤，我给你介绍我的同学吧，她可是很善良的人，不爱慕虚荣。”“不用了，我放不下她。”“放不下只会让自己难受，你好好想一想，我希望你能走出失恋的阴霾。”

乐小米又和杨浩天谈了一会儿，就走了。

几天后，杨浩天还是闷闷不乐的，他实在放不下对情人的思念，可是那个人已经永远地抛弃了他。杨浩天很痛苦，沉浸在气愤之中。

乐小米再次见到杨浩天，劝慰他：“其实，世上有些东西并不值得我们去错过。”杨浩天马上来了精神，问：“是爱情吗？”乐小米摇摇头，微笑着说：“不是，起码你现在可以放弃那一段感情，但你这样和自己怄气，身体垮了不是在作践自己吗？而你的父母、工作你都不在乎了吗？何必因为失恋而认为失去了一切呢。”杨浩天说：“我知道不该放弃生活，可是我也放弃不了那个人。”“放弃不了只会让你更难受，她和你分手了说明你们之间缘分已尽，何必去强求呢？要知道，两个人在一起不容易，然而世上的人那么多，你又知道谁是你最终的伴侣呢？她固然给你带来了难忘的时光，但这段感情已经结束，说明她并不是你的终身伴侣。或许，在世界的某一个角落，有一个人在等待着你，只要一出现，你们马上就会坠入爱河，从此不离不弃。”杨浩天听了乐小米的一席话，怀疑地问：

“的确有人还在等着我吗?”“对啊，那个合适的人还未出现，如果她出现的话就不会轻易背叛你，而且她会紧紧牵住你的手，和你一起慢慢变老。”杨浩天的兴趣更大了，问乐小米：“那个人到底在哪里呀?”乐小米说：“如果你不放弃前女友给你带来的伤害，你就不会遇到下一个人。想想看，失恋只是人生成长的一部分，既然她伤害了你，就说明她不是对的人，而总有些人值得你去珍惜，只是她还没有出现而已。”

听着乐小米侃侃而谈，杨浩天觉得很有道理，精神马上振作起来，决心开始新的生活。

他不再沉浸在失恋的痛苦中，几个月后，杨浩天在乐小米的介绍下认识了另外一个女孩，他们很投缘，很快步入了婚姻的殿堂。

杨浩天因为错过而痛苦，但那个人并不值得他坚守等待。如果杨浩天从此纠结的话，可能会错过更重要的东西。

哪些该放弃，哪些应珍惜

错过了我们当然会难过，但有些人有些事错过了就随缘吧！我们不能什么事都紧抓在手，放弃一些不必要的东西反而会更轻松。那么，哪些东西该放弃哪些东西该珍惜呢？我们可以通过下面几个方面去理解：

其一，亲情不容错过。无论是对父母的养育之恩，还是对兄弟姐妹的手足之情，这些情分不容错过。因为亲生父母只有一个，兄弟姐妹永远会和你站在一起。所以，这些情分不宜错过。

其二，一时的失利可以错过。你在生意场上或工作上失利了，可以放弃、错过，只有忘掉不必要的，才会看到新的希望，迎来新生。当然，要是斤斤计较这些，往往不能抓住重要的东西，只在枝枝丫丫的东西上纠结着，让自己错过其他方面的东西。

其三，健康、知识不容错过。健康、知识是自己的，会伴随我们一生，我们应身体健健康康、知识丰富多彩，这样才能在这个社会上保持清醒的头脑。

其四，利用你、伤害你的人可以错过。有些人在你有价值时会和你靠得很近，而当觉得你没有价值了就会舍弃你。对于这一类人，错过了不要后悔，反而错过了他们会让你遇到更好的人，看到新的希望。

其五，自己最在乎的东西不要错过。每个人最在乎的东西不一样，例如传家之宝、事业等，基于这些，要明白自己最在乎的东西是什么。且这个最在乎的东西要符合实际，千万不可是某些与常规背道而驰的想法与事情。你还要坚持自己的观点与做法，获得大家的认同，并最终取得成功。

不过于执着错过

明白了这些，我们就不会过多地在乎错过。其实，在这个社会上生存，有些东西难免出现了又消失。就让一切随缘吧，因为我们也没有能力让它永远地停留在身边。

世上的事难以捉摸，如果某些事确实离我们远去了，就放下吧，放下会让我们变得更从容。如果我们凡事都不愿意放弃，只会眉毛胡子一把抓，到后来什么也得不到，两手空空。

【小贴士】

年轻人要明白，错过了并不值得怨恨，关键是不要错过最重要的东西。一些我们生命中偶然的过客，错过了也无所谓，因为我们没有时间和精力去关注所有的人和事。就像交朋友，我们可以和很多人建立友谊，也会遇到很多志同道合的朋友，但随着时间的推移，朋友之间的关系会慢慢淡化，于是对有些人我们渐渐地印象模糊了、不认识了，而总有一两个人会伴随我们终生，这一两个人或许就是我们的知己吧。对于那些偶然遇到的朋友，错过了也不必去后悔；而身边的知音却不应错过，因为他们是最懂我们的人。

定理62 主宰自己的命运

女巫的选择

先让我们来看一个传说：

亚瑟王被邻国的士兵抓走后，邻国的国王看到他年轻乐观，并没有杀掉他，只是亚瑟王要回答一个难题，这样才可以重获自由。

亚瑟王可以用一年的时间去考虑这个问题，如果其间不能给出满意的答复，最后只能被处死。

这个问题是：女人真正想要的是什么？

对此，很多人都迷惑不解，更何况是年轻的亚瑟王。亚瑟王接受了国王的这个难题，决定在一年后的最后一天说出自己的答案。

于是，他先回到自己的国家，征求每个女性的答案，从公主到平民百姓，几乎各个行业、各个年龄段的女性他都去询问。但是，没有人可以给出满意的答案。

转眼一年的期限快到了，最后有人告诉亚瑟王，有一个老女巫知道所有的答案。亚瑟王只好去求助女巫。女巫答应回答亚瑟王的问题，但前提是她要和亚瑟王最亲近的朋友加温结婚。亚瑟王看到这个老女巫长得很丑，身上还散发出难闻的气味，并且声音很猥琐，便拒绝了，他不想让朋友娶这样的人，以免自己背上沉重的精神负担。

加温知道后，对亚瑟王说："我同意和她结婚。"于是，加温便和老女巫订了亲。

女巫回答了亚瑟王的问题，女人真正想要的是主宰自己的命运。

邻国的国王听到亚瑟的回答很满意，便释放了他。

亚瑟王在无法解脱的痛苦中哭泣着，加温却对他依旧友善。

新婚之夜来临了，加温给自己打气，然后走进了洞房，他要面对这可怕的夜晚。

让他意想不到的是，他并没有看到丑陋的女巫，而是一位风姿绰约的少女。加温目瞪口呆，不知是怎么一回事，少女开口了："我就是那个女巫，你不嫌弃我丑陋，我就应该对你好。在一天二十四小时内，有十二小时是我可怕的一面，有十二小时是我美好的一面。你想要我的哪一面呢？"加温开始思考这个问题："如果白天时有一位美丽的妻子会让朋友羡慕，到夜晚却要面对一位又老又丑幽灵般的女巫则让自己难堪；如果白天妻子让人避而远之，夜晚就有美丽的妻子共眠。"

加温到最后没有做任何选择，只是对她说："女人想要主宰自己的命运，那么这一切就由你主宰吧！"

女巫便选择白天和夜晚都是美丽的自己。

女巫很好地掌握了自己的命运，从一个丑陋的女巫变成了一个貌美如花的女人。

主宰自己需要勇气

在很多情况下，人们都认为命运在被他人控制着，没有想到要主宰自己，因为想主宰自己，需要很大的勇气。尤其是对于失败的人来说，当你陷入情绪波动之中时，要适时调整自己，要具备主宰自己命运的信心。

皮特的工厂破产了，他成了一个穷光蛋。他无法面对现实，沮丧极了，几乎想到了自杀。他流着泪去征求牧师的意见，希望牧师能指点迷津。在听完皮特的讲诉后，牧师说："我很同情你，也希望能帮助你，但是我无能为力。"皮特的最后一丝希望之火也被浇灭了，他喃喃自语道："难道真的没有指望了吗?"牧师说："还有一个人可以帮助你。"皮特一听，如释重负。牧师把他带到镜子面前，指着镜子里的映像说："目前只有这个人可以救你了！"看到镜子里胡子拉碴、脏兮兮的自己，皮特竟忍不住又哭了起来。

第二天，皮特又来拜见牧师，这时的他神采奕奕，穿戴也整整洁洁，就像换了一个人。皮特说："我知道自己应该怎么做了，是你让我又主宰了自己，现在我有了一份不错的新工作，相信这是我事业的又一个起点。"果然，多年后皮特东山再起，事业辉煌。

主宰自己是生存的一种结果

主宰自己并不是一个口号，而是正向转化带来的结果。

一天，三只青蛙不幸掉进鲜奶桶中。第一只青蛙看了看光溜溜的桶壁，说："这是我的命！"于是它盘坐在那里，等待着死神的到来。第二只青蛙说："这个桶太深了，凭我目前的能力，只是做无用功。"于是，它也在那等待着死亡。第三只青蛙看了看桶壁，说："今天真是不幸，但我要跳出这可怕的地方。"于是，第三只青蛙开始不停地跳。它把鲜奶搅拌成了奶油块，当奶油块到达一定高度时，它终于跳出了奶桶。

前两只青蛙到最后送掉了性命，只有第三只青蛙主宰了自己的命运。

【小贴士】

年轻人初入社会，难免难以把握命运，但

不去主宰自己的命运，最终只会在别人的掌控之下过活。年轻人要主宰自己，到任何地方彰显出自己的本色，而不是寄人篱下，每一天都不得安宁。

定理63 注重自己的名声

名声很重要

年轻时，我们不必在乎失败，不必在乎孤独，不必在乎错误，不必在乎失意，但要在乎一项，那就是“名声”。名声是一个人社会声誉的展现，名声的好坏往往与成功与否有着重要的关联。一个受人尊重的人必定是一个成功的人，一个遭人唾弃的人注定是一个失败者。我们在这个社会上生存就必须注重自己的名声。名声往往是一个生活在这个社会上的名片，名声的好坏可以直接决定别人对你的优劣评价。

正确对待诬陷你的人

你在遭到别人的诽谤、嘲讽、诋毁时，会怎样对待呢？此时，你有必要澄清自己，一旦让这些人得逞，你就有可能身败名裂，很难在这个社会继续生存下去。此时，不要让事情恶化下去，要拿起武器和这些人做斗争。如果处理得不恰当，他们以后会更疯狂地败坏我们的名声；若宽容地对待他们，以德服人，他们可能会感激你，继而变诋毁为追随。

赵文远到一个县城上任，“新官上任三把火”，他做了一些改革，希望百姓能认为自己是一个好官，却偏偏得罪了县城里的某些官员。他们认为赵元文年轻气盛，如果让他在当地树立起好形象，他们就无立足之地了。于是，他们想法设法排挤赵文远。正所谓官场明争暗斗，关于赵文远的负面消息很快流传开来。面对种种流言蜚语，赵文远十分坦然。他找到了省城里的舅舅，他在省城里是一位颇具声望的官员。舅舅经过进一步“侦探”，那些诬陷赵文远的官员被揪了出来。舅舅要以诽谤他人控告他们，赵文远帮他们说好话，那些人从心里感激他。由于赵文远十分大度，他们开始替赵文远澄清罪名，并更加拥护与爱戴他。

赵文远维护了自己的名声，源于他对小人大度宽容。只要你确实是一个好人，小人就不会无缘无故地伤害你，因为他们心里也知道什么样的人才是值得人敬重的。如果你被小人诬陷，败坏了名声，除了澄清自己之外，还要让他们明白你确实是一个好人。“人之初，性本善”，他们的心地也是善良的，如果你确实是一个好人，随着时间的推移，你的名声不会被败坏的。

如果你有良好的名声，就会赢得更多的发展机会。许多单位在招聘人才时都不想招有劣迹的人，都喜欢在社会上备受敬重的人。你有好的名声，无疑会使你在这个社会上更好地生存，你每到一处都会受到别人的欢迎与喜爱。

【小贴士】

名声对我们的成长尤为重要，好的名声能使我们更好地生存下去，坏的名声则会使我们处处遭人厌弃。我们的名声一旦遭到破坏，就有必要和诋毁者做斗争，除了在时间的洗礼中澄清自己外，更要宽容大度，使诽谤者感激并拥戴你。

定理64 尊重别人的文化

人不同，文化各不同

现代社会是多元化的，每个人都有着不同的学历和背景，即使是在同一个国家、同一个城市，人与人也是截然不同的。

我们走上社会后，遇到的就不单单是同学和老师了。在面对形形色色的人时，要尊重他们，更要尊重各色人的文化。

无论对方是工人还是农民、官员，无论对方收入如何、外貌好不好看，我们都不要对别人不屑一顾，因为我们本身也有很多缺点，只有彼此尊重，才能和谐地相处下去。

在此之前，我们要明白，每个人有着什么样的文化背景。如果你需要和不同的人进行商业往来，就有必要尊重他们的文化，不然只会使你们之间的合作破裂。若和德国人谈判，他们准备的工作往往都很充分，他们讨厌闪烁其词、躲躲闪闪。和德国人打交道，要做好进行一次攻坚战的思想准备，在谈判的实质问题上要抢先一步说出自己的想法，表明自己的立场，这样很容易取得成功，因为你尊重了他们的民族个性。如果和北欧人有商业往来，要明白他们般都表现得比较随和，常常会沉默寡言，而且慢条斯理，这时候千万不要催促，以免激起了他们的不满情绪，导致合作破裂。如果和美国人往来，要知道他们往往会表现得不可一世，大说自己的优势，这时候要予以倾听与尊重，其实并不是他们在夸夸其谈，而是他们的环境和文化所决定的。日本人充满了集体主义精神，在个人和团队的配合上，也显得十分默契，在和他们谈判时，不要把他们单独分开，不然会让他们觉得茫然不知所措。在和阿拉伯人合作时，要记住他们很注重名誉与忠诚，而且大部分阿拉伯人都信仰伊斯兰教，要对其宗教信仰予以尊重，不然只会让谈判陷入僵局，以失败告终。

而即便是在国内，不同地方也会有文化差异。像上海人往往比较精明，和他们交流最好不要直言，含蓄一点效果会更好；东北人大部分比较豪爽、直接，最讨厌婆婆妈妈的人，与他们谈话不要隐晦，更无需拐弯抹角。

还有很多地方由于自然环境、社会习俗等，难免会有形形色色的差异，所以我们要到当地去就要“入乡随俗”，不然只会被别人怒而驱之！

尊重对方的所有

让我们先来看一个“亲情”故事吧：

一对失散多年的父子就要见面了。这一天，儿子打扮得漂漂亮亮，把前些天买的时髦衣服穿上；而父亲并没有注意到这些，下班后就匆匆忙忙地赶往相约的地点。

父亲比儿子先到，在焦急地等待着。

这时候，儿子也从远处赶来，不过他想躲在一旁看看父亲是否如他想象那般富有。但当他看到父亲穿着朴素的衣服时，他失望了，认为父亲骗了他。在他的印象中，大老板都是出入豪车的，他再四处望了望，并没有看到价值连城的轿车，于是头也不回地走了。

父亲久等儿子不来，只好给儿子打电话，但电话始终无人接听，父亲很着急，以为儿子发生了意外，惶惶不安地来回踱着步。

父亲不停地打儿子的电话，终于有一条短信发了过来：“对不起，你根本不是大老板，你不配做我的爸爸!”父亲觉得莫名其妙，回短信去询问，才得知儿子早已看到了他，但他的穿着令儿子失望了。

儿子竟如此贬低自己，父亲沉默了一会，也离开了。

事后，儿子得知，父亲是一家跨国公司的老板，当天由于忙着跟客户洽谈业务，又怕儿子久等，所以顾不上装扮就马不停蹄地赶到了相见的地点。谁知，儿子竟然在乎他的穿着，认为他不是大老板就不配做父亲。儿子如此不尊重自己，父亲很失望。儿了明白原委后，想再约父亲见面，却被拒绝了。如此不懂得尊重父亲的儿子，要了也是多余。

看吧，不尊重自己的父亲，便不会赢得父亲的怜爱。

我们应尊重他人，这样在生存的道路上才会少一些猜疑、诬陷与阻挡！

【小贴士】

我们没有理由瞧不起那些看起来比我们差劲的人，更要尊重所有的人，无论他们的境况如何，都不要予以轻视。尊重会让两个本来不相识、文化差异很大的人和谐相处。

去尊重别人吧！你可以因此很好地生存下去，未来的道路将一片明朗、一片欣欣向荣！

定理65 抵制住诱惑

拥有一颗平常心

年轻人初入社会，对外界的现象还不甚明白，难免要受到各种诱惑，而一旦在诱惑面前失去了方向，就有可能误入歧途。人应该抵挡住诱惑，要在诱惑面前保持一颗纯净的心，否则就会被诱惑所吞噬，得不偿失。

初入社会，我们总是希望自己过得更好，难免禁不住高薪、高职位等的诱惑，但无论何时都要使自己保持清醒的头脑，搞清这些诱惑背后是否有别的阴谋。天上不会掉馅饼，这些诱惑不会平白无故地给予我们。如果你没有学历、没有地位，一家单位给你月薪5000 元，这可信吗？人应该心态平机，耐不住诱惑的人往往会上当受骗。

我们要擦亮双眼，踏实地去做事，诱惑终归是诱惑，沉浸其中而不能自拔，只会让自己得不偿失。

陈琳来到北京谋生，没想到工资那么低而且很累，觉得无法在这个城市生活下去了。后来，她听说山西大同有一份采购的工作，每天工作 8 小时，月薪 5000 元。陈琳的心开始痒痒了，那里的房租、消费都便宜啊，一月可以省下很多钱。

但陈琳不想错过在北京生存的机会，打算先去看看。

她后来才得知，那个采购的工作只不过是搞传销罢了。幸好她还有退回去的余地，不然深陷其中被人操控就麻烦了。于是，陈琳趁他们不注意时悄悄溜回了北京。

抵不住诱惑，就很有可能在不知情的情况下落入别人设计的圈套。我们要心态平和，天上不会掉馅饼的，诱惑往往是带刺的玫瑰！

不让诱惑成为诱饵

诱惑会让你眼花缭乱，让你在不知情的情况下陷入其中，且不能自拔。

我们要抵制住诱惑，不要轻易相信自己可以一下子发达、成功。那些不法之徒往往会利用你投机取巧的心理，引诱你上钩。

你上钩后，就可能成为瓮中之鳖任人宰割。这个社会很残酷，没有付出是不会有回报的，那些可人的条件很有可能让你身败名裂或一败涂地。

不要动不动就以为遇到了契机，想走捷径，结果却走进了别人为你设置的圈套里。

踏实付出才有回报

人要脚踏实地，不能想着一下子就获得成功。

那些做着发财美梦的人，如果不去付出，就只能是做春秋大梦，到后来也只是泡影。

人要踏实、勤奋，这是生存不变的法则，那些诱惑只会让你走进死胡同。

我们不能贪图捷径，要想得到想要的，就应该踏实地工作与生活，每一步都要走得牢固，这样才不会摔跤吃亏。

成也诱惑，败也诱惑

诱惑能成就很多人，也可以毁掉很多人。但总体上来说，诱惑是不利的。历史上那些明智的人物总是能很好地抵住诱惑。而抵制住诱惑，官员就能够两袖清风，不会贪赃枉法；抵制住诱惑，作家就会写出最朴实无华的文章；抵制住诱惑，政治家不会被蛊惑，会赢得爱戴。

只有抵制住诱惑，置于身外，这样才能一生活得潇洒、光明又磊落。

但并不是所有的诱惑都是有害的，像伯乐的赏识，就会给你提供更好的生存空间。我们要抓住"有利的诱惑"，很好地避开那些来路不明的诱惑，以免被拖入无边的深渊。

【小贴士】

诱惑是一颗定时炸弹，随时都可能爆炸。为了不受诱惑的伤害，你有必要远离它。然而，并不是所有的诱惑都是坏的，像机遇、他人的赏识就不可错过。但我们初入社会，面对的更多地是负面的诱惑，有必要学会舍弃，不然就有可能被别人算计。

定理66 珍惜当下

哈佛大学教育的中心思想是让学生们明白，明天即使再美好，也比不上抓住今天多做一些实际的事。的确，昨天已经成为过去，明天还没有到来，我们应该简简单单地过好今天。

佛经中也说，要活在当下。那什么是当下呢？就是现在做的事情、现在在的地方、现在一起工作和生活的人。活在当下要求你关注这些人、事和物，要能很好地接纳、品味与投入一切。

明天难以掌控，最好顾及当下

古时候，有一个小和尚负责清理寺院里的落叶。每天清晨，扫落叶对他来说是一件差事，但到了秋天，树叶总是漫天飞舞，他要花费更多的时间才能清扫完。这让小和尚感到很头痛，他一直找不到好的解决办法。

一天，一个和尚告诉他："你下次把树上的落叶全部摇下来，就不必担心会有落叶扫不完了。"小和尚觉得这是一个办法，于是第二天很早就起来了，使出浑身力气摇晃着树，结果把今天和明天的落叶一次扫干净了。小和尚干完活后，觉得很庆幸。但是，第二天小和尚来到院子里时，不禁怔在了那里，院子里一如既往地落满了落叶。这时候，方丈走了过来，对小和尚说："无论你现在怎么努力，以后的落叶也不会按照你的意愿消失。所以，孩子，别想着掌控明天。"小和尚听了，觉得很有道理，是的，只有活在当下，才能活出最真实的人生。

我们由此可知，未来是由现在产生的，每个人都应当活在当下，活在当下会让我们更快乐、幸福。

当下最为珍贵

你如果能够很好地顾及到现在，也会很好地顾及到将来。生命的质量取决于每天的心情，你若每一天都心态阳光，便会获得很高的生命质量，体验到别人难以体验到的幸福。

一座小山里有一座小庙，小庙里有一尊观世音菩萨的雕像，人们认为它很灵验，因此每天祷告的人都很多。

寺院里只有一个老和尚独自一人在看门，看到每天台上的菩萨要应付很多人的请求，他决定帮菩萨分担。

一天，他在菩萨面前表明了这份心愿，好像听到菩萨开口说道："可以，我来看门，你坐在莲花座上。但是，无论听到什么，看到什么，都不能说话。"老和尚觉得这个主意很不错，欣然答应了。于是，观世音菩萨变成了老和尚，老和尚变成了观世音菩萨，他们交换了位置。前来朝拜的人很多，老和尚听着他们的话，默默不语。

有一次，一个富人来朝拜，离去后忘了拿走钱袋。老和尚真想叫富人回来，但是他按照之前和菩萨的约定，忍住没有说话。紧接着，来了一位乞丐，他企求菩萨能够帮他渡过难关。他离去的时候，发现了富人留下的钱袋，欣喜若狂，向菩萨又跪又拜，高高兴兴地出去了。这时，老和尚真想告诉他那钱不能拿，只是他和菩萨有约在先，又继续忍着不说话。

后来，来了一位要去打仗的士兵，他乞求观世音菩萨能够保佑他平安回来。当士兵离出去的时候，先前的富人回来找钱，他以为士兵拿了自己的钱，便和他争执起来。

这时候，坐在莲花座上的老和尚实在忍不住了，开口说话了。两个人听到菩萨所说的话，明白了事情的原委。富人就去找乞丐要钱，士兵则奔往前线。

真正的观世音菩萨这时候走了过来，对老和尚说："你下来吧，你没有资格坐在那里了。"老和尚莫名其妙地说："我主持公道，难道不对吗?”观世音菩萨说:“对于富人来说,他并不缺那些钱;对于乞丐来说,那些钱可是他的救命钱。还有,士兵不应该和富翁纠缠,以免去晚了,会被敌人的子弹射中或者被自己的队友认为临阵脱逃,这样没有好下场的。”

爱默生说:“应当知道,在一年之中,每一天都值得珍惜。”我们要明白,当下才最为珍贵。

生活需要我们珍惜当下

在日常工作与生活中,我们遇到的事往往十有八九不尽如人意。此时,我们会悲伤、愤怒,但应该相信命运之神会眷顾我们。

有了珍惜当下的实际行动之后,我们就不会被困难和挫折打倒,此时胜利和希望将会向你招手。要记住禅宗的话:活在当下。只有当下,才是最值得提倡的、美好的生活状态。

【小贴士】

未来难以如己所愿,这时候就要珍惜当下,只要现在过得充实并快乐,将来也会多一些乐趣。

定理67 保护自己的隐私

保留底牌不要和盘托出

千人千面，最难理解的就是每一个人的心。怎样才能够让他人真诚待已而不是别有用心呢？那就是不要让别人知道你的全部。

我们不能把自己一览无余地展现在别人面前，必须有自己的隐私。如果让别人知道了我们的全部，别人就会对我们失去新鲜感，也会影响我们在他心目中的位置，一旦他们发现我们没有意义了，很可能会和我们保持距离。

生存时要保留一定的底线，以免被别人抓住把柄，一生空留有遗憾。

有的人会保留自己的底牌，不把所有的一切都告诉别人，这样才能很好地在社会上生存。这不是一种手段，也不是一种心计，而是应该具有的一种心态。想想看，身边的人那么多，能有几个和你真诚相待？而人一生中能遇到一两个知己足矣，大部分人只是和我们擦肩而过，不必把一切都告诉那些不必要的人，必须留有自己的底牌，不能让别有用心的人掌控我们，听从他们的摆布。

所以我们必须留有自己的底牌，保持神秘感。

保护隐私不等于隐瞒

有人说，这不是在隐瞒别人吗？其实不是！

我们永远不会知道他人到底是个什么样的人、他什么时间做过什么样的事、所以不要把自己的一切一览无余地展现在别人面前。因此，年轻人要明白，害人之心不可有，防人之心不可无。走上社会后，你有必要给别人一种神秘感，只有别人对我们一知半解，我们的人生才会富有光彩。

【小贴士】

一个人一览无余地站在别人面前和“犹抱琵琶半遮面”地站在别人面前，后者更能引起别人的兴趣。但我们要做得恰到好处，过头了反而会适得其反。我们让别人对我们产生朦胧的感觉，无疑是我们初入社会的生存策略，这样才能给自己留有余地。

定理68 学会认清事物的本质

当你回味以前的生活时，会发现当时是那么的单纯、幼稚、可笑，如果时间可以轮回，你一定会换一种活法。然而过去的永远无法倒退，就目前的生活而言，你若干年后就会幡然醒悟，原来年轻时自己那么傻。那为了将来不后悔，现在应该怎样做呢？

知果还要知因

你在做一件事情时，要知道做这件事的后果如何，这样才能防微杜渐、防患于未然。我们应该有先见之明，对事物有彻底的认识。如果你明白做一件事情不会有好的结果，还会一如既往地做下去吗？当然不会！你会转变思维，继而去做其他的事情。

我们有必要让自己清醒一段日子了，明白再这样生活若干年后会是什么样子。我们不可能只顾现在而不考虑将来，人应该为将来做打算。如果你现在锦衣玉食、大吃大喝，当你的钱财用光了，难道要流落街头或寄人篱下吗？我们必须考虑将来，为了以防万一，应该从现在开始约束自己的行为，明白怎样生活才会过得更好。

夏凯做事总是不假思索，认为先顾着目前的生活就行，但五年后还是没过上他想要的生活。他开始自我分析，想弄明白做下去会产生什么样的后果。于是，他有选择地做事并加以分析，才不至于做了很多而一事无成。

夏凯一开始不注重前因后果，盲目地做了很多事情，但都切不中要害。后来，他深入分析前因后果，明白了凡事预则立。

看到事情的本来面目

我们现在所做的工作除了能保证基本生活外，还要保证将来过得更好。而为了将来过得更好，在面对林林总总的事物时，就应该通过现象看到它的本质。我们不能被它一时的外表所蒙蔽，必须意识到潜藏的东西，否则吃亏的只能是自己。

魏晨和张谷雨恋爱了。魏晨很单纯可爱，张谷雨却别有用心。魏晨一直很爱张谷雨，张谷雨却背着他去攀高枝。后来，张谷雨和一个富豪结婚了，魏晨承受不了这个打击，只剩下无边无际的悔恨。

想想当初，魏晨本可以远离她，只可惜没有看到她的内心，被她的外在迷惑了，结果受伤的只能是自己。中国有句俗话：知人知面不知心。我们在和他人交往时，必须看到其内在的本质，不能被表面的现象所迷惑，否则到头来受伤的只能是自己。

要有深谋远虑

在这个社会上生存，不能太单纯，要有心计，无论是做人还是处事都不能草率，要有深谋远虑。只有考虑得远，将来才有可能过得幸福。

有的人奋斗了一生却像《红楼梦》里的王熙凤那样大厦一倾一切都成了空，有的人则事半功倍。为什么会有这么大的差距呢？成功人士的聪明之处在于做事之前已预见到将来会发生什么后果，因而不去做无聊的事情，不去做对将来不利的事情，这样才能越来越好。相反，不考虑到以后，不看清事物的本质，眉毛胡子一起抓，只能使自己遭殃。

我们应该有深谋远虑，认清事物的内在本质，对于该做什么不该做什么，要有一个明确的判断。若不考虑前因后果，明天就可能会后悔，而一日后悔了，就不得不花费时间和精力去弥补。而人的精力和时间总是有限的，若一生都在做错事就要用一生去弥补，那么你的生活状况是不会好的。

因此，我们需要具备哲人的思维，通过现象看清事物本质，不要被事物的外在所迷惑，以免理不清头绪，迷失了方向。

【小贴士】

年轻人要通过现象看到本质，不能被事物的外在现象所迷惑。只有深入事物的内在，才能把握住主要部分，明白下一步该怎么办，将来也才可能过得更好。大千世界，变幻诡谲，年轻人要正确地审视这个世界。

定理69 避免吹嘘自己

年轻人初入社会，总会犯一种错误，却喜欢在别人面前吹嘘自己，而不顾及别人的感受。要是别人比我们失意，我们在他面前认为自己幸运，会使之产生被比下去的感觉，他就会怀恨在心。为了以防万一，我们发达了、高升了，都不要在别人面前吹嘘。

别得罪了得罪不起的人

要知道，把自己吹得天花乱坠，实际上就是在贬低别人、看不起别人。我们这样处处让别人产生卑微感，一旦得罪了得罪不起的人，前途将会遭到报复性重创。

心底要坦荡

其实，我们想活得坦荡并赢得尊重，就应该注意不要让别人产生被比下去的感觉，不要自认为了不起，那些高高在上自以为是的人往往容易摔下来，而且会摔得更重。

王二是一个团队的骨干，非常喜欢炫耀自己的能力，一旦有得意之事，就爱在同事面前侃侃而谈。时间长了，许多人都不爱听他吹嘘，但王二按耐不住心中的“壮志豪情”，总想夸赞一番。同事们非常生气，就设法要整整他。于是，他们在工作上不支持王二，在生活上总爱给他找各种麻烦。渐渐地，王二不再像以前生活得那样乐观了，开始变得多疑，整天为还未发生的挫折、打击担忧着。

王二能生活得幸福吗？当然不能！谁叫他自以为是、高高在上，认为别人都不如他。其实，我们有功绩，做出了成绩，并不需要吹嘘，时间久了，终会赢得人们的赞许。

每个人都有起伏的时候

人生在世，不应活在种种攀比之中。比别人幸运时，不要贬低别人；比别人不幸时，更不要情绪低落，丧失前进的动力。时间会证明你是否真的比别人幸运。而且所谓的幸运大部分是一时的，我们不可能一生风风光光，总生活在别人的赞扬声中。万一落魄了，这苦日子该怎么过呢？此时，有必要梳理自己的情绪，向好友倾诉，找到正确的途径去缓解情绪。只有不看轻别人，有运气也不大肆吹嘘，你才能在失意的时候得到他人的帮助，从而早一日走出命运的低谷。

和别人比幸运，拿自己高兴的事和别人痛苦的事相比是不明智的。我们应该低头做人、做事，不能高高在上，把自己抬得过高往往有跌下去的危险。我们要想赢得别人的喜爱，就应该和别人和睦相处，在别人失意、低落时不去嘲笑，在别人幸运、得意时为其喝彩。一旦我们以后遇到了麻烦，别人才会帮助我们，不会嘲笑、奚落我们。

不拿自己的好比别人的坏

身边总有些人总拿自己的幸运和别人的厄运比较，让别人十分厌烦。

小马最近大赚了一笔钱，而他的朋友小赵却亏损很严重。朋友们为了安慰小赵，便相约一起吃饭。但小马控制不了自己的情绪，夸自己是多么的能干，挣了很多钱。这令本来心里就抑郁的小赵更不高兴了。

最后，小赵离开后还愤愤不平地说：“你以为你真的不起啊!”

从此，小赵和小马的关系不像以前那么亲热了。

小马犯了拿自己的幸运比别人不幸的错误，这会让失意的人不快，并与人结下矛盾。

何必要惹人厌烦呢？你若比别人幸运，要保持冷静，别人就会认为你有素养；要是你好大喜功，往往会被别人认为不值得依靠，甚至有可能排挤你。

因此，有必要低调，不能高高在上，高高在上总会惹人厌烦；低调，不争名夺利，不自吹自擂，会让人认为你有风度、有涵养。大部分人都喜欢那种低调、有内在的人。你做到了低调、有内在，便可安心做自己的事情，不再受到非议，而且由于你十分谦虚，一些潜在的伯乐可能会为你提供更大的发展空间。相反，要是你凡事都想超人之前，把别人压倒，往往会被人扯住，让你进也不能退也不能。

【小贴士】

年轻人偶获幸运自己明白就行，不要给别人产生高高在上的感觉。谦虚能使我们更好地培养自己的个性，获得更大的发展。若按耐不住冲动，凡事都想吹嘘一番，只会被羁绊前进的步伐。我们若谦虚、低调、不和别人比幸运，就会被人认为有涵养、有君子风度，从而让我们的前景有更大发展。

定理70 不要比老板穿得更好

穿衣戴帽，看似是个人小事，可是在职场上，却不是小事。俗话说："人靠衣装马靠鞍"。穿着打扮对树立一个人的良好形象起着十分重要的作用。在家时怎么穿都没人管，然而单位却是不允许随便穿戴的。上司看下属不光看其才干，也对下属的衣着打扮很敏感。如果一个下属在衣着打扮让上司天天感觉不舒服，那么他/她的命运就可想而知了。许多上班族的事业之所以没有进展，和他们的穿着有很大的关系。

不把老板"晾"在一边

虽然老板是一个很随意的人，但王超还是比较注意自己的形象。有一次，王超同老板一起外出洽谈一项业务，为了表现出对谈判的重视，他一改平日里的休闲着装，换上新买的皮尔·卡丹西服，想通过“包装”给客户留下良好的印象。出于习惯，在出门时他根本就没有注意到老板还是平时那套衣服。

令人想不到的是，客户一看到王超的衣着，便把他误认为老板，紧紧握住他的手说：“经理真是年轻有为啊！”王超也没有向客户做过多解释。

王超穿著考究，客户把他当成“主人”，而把一身旧衣服的老板当成“随从”，晾在了一边。一直到最后签字时，对方才知道穿旧衣服的才是“主角”。结果，业务没能谈成，这件事还被当成了笑话。

从此，老板对王超“另眼相待”，有业务外出时再也不要他陪同，尽管王超是个有才干的下属。曾春风得意的王超就这样被老板晾到了一边，最后不得不另谋高就。

维护老板的面子

穿着打扮看起来是一件小事，却对一个人的事业有很大的影响。最主要的是，同样身为下属，若你的衣着、穿戴比老板更好更体面，那么大部分的发展机会就与你无缘了。因为你穿得比老板更体面，会让老板很没面子，心里会有一种被比下去的感觉，就算你各方面都很优秀，老板也不会对你有好感。想一想，哪个老板喜欢一个穿着比自己好、比自己强、让自己丢面子的人呢？

若一个人担心自己的衣着不够得体，可以以老板的衣着风格来衡量自己的着装。若和老板的着装风格相一致，就不会犯“喧宾夺主”的错误。和老板的着装风格保持一致，也能更好地突出一个人积极进取的精神，很容易得到老板的器重和赏识，还会让上司产生一种“找到了知音”的感觉。

因此，要注意不要比老板穿得好。

【小贴士】

年轻人走上社会，要注意自己的形象。在和老板一起外出吃饭、洽谈业务时，要注意自己的着装，以免别人把自己当成了老板，把老板晾在了一边，如此一来，老板就会对你“敬而远之”了。

定理71　别累垮了自己的身体

“0”和“1”的关系

年轻人初入社会，大部分时间都在拼命地工作。岂不知，现在拼命努力，就算拥有了财富、地位，但万一身体弄垮了，这一切也就随之烟消云散了。我们的健康是1，事业、家庭、地位、钱财是0；有了1，后面的0就会越多，我们就会生活得越有滋味；反之，没有了1，则一切皆无。

身体是革命的本钱

陆伟与鹿鸣一起在广告公司搞设计，他最欣赏鹿鸣的认真负责，他出创意，鹿鸣完稿，他们的搭配是那么完美，以至于公司上上下下都把他们撮合到一起。她喜欢他的拼劲和层出不穷的点子，他的幽默也常常令她惊喜不已，得到这样认真负责而又乐观进取的好男人，鹿鸣觉得自己很幸福。

经过4年的交往，他们郎情妾意，但喜帖却迟迟没有发。并不是他们有意要爱情长跑，而是随着陆伟职务越升越高，工作也越来越繁重，他们根本没时间结婚。公司的业务越蒸蒸日上，陆伟的个人时间却越来越少。鹿鸣有时还陪他加班，送点滋补品为他补身体。看他一支烟接着一支地抽烟，她很心疼，陆伟却说再拼一阵子就好，等存够了钱，他们就开始自己创业。

他们的创业梦进展得很顺利，公司的老板也器重陆伟，作品的口碑、累积的人缘、得奖的荣誉以及稳重的个性，都在为他的事业加分。

而鹿鸣在忙碌的工作中却发现了身体的异样。当得知孩子已经3个多月时，她非常懊恼，认为在陆伟没日没夜工作的时候不该烦扰他。但是陆伟非常开心，激动地说："陆太！嫁给我吧！正正式式地当陆太太吧！"她的泪夺眶而出，全办公室响起如雷的掌声。

7年的爱情长跑终于修成正果，她欣喜万分，当新娘的画面早在她心头反反复复了几十遍。趁着肚子没有明显凸出，他们赶快去拍了婚纱照。

公司老板送了他们20万的礼金作为创业基金，他们从此变成了同行，彼此间互相帮忙。他高高兴兴地答应在婚前完成最后一批稿件设计。鹿鸣先辞去工作，一是因为孕吐难过，二则婚前有许多事要忙。他几乎每天加班，到早上 6 点才能回家，等迷迷糊糊睡到中午，又回公司继续上班。连续一个礼拜后，他终于交出了所有的设计稿，也交接了所有的业务。这时，离他们的婚礼只剩下不到 30 个小时。她劝他什么都别管，先睡一下为好！

倒数计时的最后一天，他却一睡不醒，睡了 12 个小时，清晨她醒来悄悄过去吻他，他的鼻息还非常均匀，可爱的长睫毛还闪了一两下，好像在梦中还有什么歪点子一样，她觉得幸福盈满胸腔。

做脸、上妆、弄头发的过程很漫长，他没必要陪她，弄完后她去美容院旁的饭店等他来就可以了。但没想到他却迟迟不来，手机和家中电话都没人接。后来她才知道，众亲戚一到家就发现他已经没有呼吸，连忙把他送到医院，医生判断是过劳死，这一睡就成永别。

一个风华正茂、从无宿疾的顽强生命，就这样因为长期运作失调而死。家人商量着该如何告诉怀孕的她和所有准备好大闹一场的同事好友们，喜筵也成了与死者的告别，所有宾客都忍不住落了泪。她则呆坐在新娘休息室，抱着他试穿过的礼服黯然神伤，痛恨自己没有在醒来时叫醒他。她心疼他，让他再睡一下，他却再没有醒来。

得知噩耗的公司的老板也内疚万分，他的父母则伤心得连话都不跟她说一句。她肚子里来不及见到亲爹的孩子，更是提醒她，她最欣赏他的认真负责，这时却成了看不见的杀手，她连恨都没法去恨，该怨谁？恨谁？怪谁呢？朋友、工作虽然重要，但身体健康更重要啊！

年轻的朋友们，身体是革命的本钱，无论何时都要把身体健康摆在第一位，无论何时，都不要把青春白白葬送掉。

好身体是吃出来的

针对上班族的身体，专家们制定了日常的饮食策略，适度的蛋白质加较低含量的脂肪、高含量的碳水化合物。

具体的吃法是：

1. “一二三四”原则

“一”是指每天喝一杯牛奶。中国膳食有很多优点，但唯独缺钙，因为每个人一天需要补充800毫克钙，而膳食里只有500毫克。这就要求我们每天喝一杯牛奶，每杯牛奶里约含300毫克钙。

“二”是指每天摄取250—350克碳水化合物，这不是固定的，有的年轻人干活多，可以摄取750克碳水化合物；有些人工作轻松，一天只需摄取150克碳水化合物就足够了。

“三”是指每天三份高蛋白。譬如说早上一个荷包蛋，中午一份牛肉面，晚上一碟豆腐片，这样常年坚持下去，对身体大有裨益。但蛋白质不能过多，太多了会引起消化不良，从而造成肠道毒素积累。

“四”是指“粗中有细，咸中有甜，三四五顿，七八分饱”。粗中有细要求粗粮细粮合理搭配；咸中有甜要求清淡；对于三四五顿是指早餐要吃好，晚上下班后也可以加餐；七八分饱是延年益寿的一种，即不要吃得太饱。

2. 饮食的八大要素

第一，铬的食用量要定量。活动量较大的年轻人一天需要100—200微克铬，中年人一天也至少需要50微克铬。铬是从食物中摄取的，例如啤酒、复合维生素和矿物质。

第二，食用富含植物纤维素的食物。每次用餐时最好食用18—20克，这样会有饱腹感觉，而且有助于减肥。相关的食物有马铃薯、花菜、芹菜、胡萝卜等。

第三，食用含镁的食物。早餐时最好喝两碗燕麦粥并吃一根香蕉。相关的食物有大豆、燕麦粥、马铃薯、海产品等。

第四，食用富含维生素A的食物。每天食用1000微克就足够了，过多会对身体有害，适量则有助于提高免疫力，保护视力。相关的食物有鱼类、香瓜、乳制品、西红柿等。

第五，食用含有维生素C的食物。每人每天最好补充200—300毫克维生素C，可以提高免疫力，预防中风、白内障等疾病。相关食物有花菜、橙子、葡萄汁、西红柿等。

第六，食用含有维生素E的食物。维生素E可以降低胆固醇，预防白内障。花生中有丰富的含量，但却很难摄取，最好每天食用含有10微克维生素E的药剂。

第七，食用含锌的食物。一般而言，年轻人每天服用15微克以下即可，它可以保证年轻人的性功能，治疗阳痿，提高人的抗病能力。相关的食物有海产品、大豆、火鸡肉等。

第八，适量饮水。水是人体不可缺少的，成年人体内60%—65%是水。要想保持健美的体态，年轻人必须饮用足够的水，而运动量大的年轻人更需要补充水分。

所以，要做个健康的年轻人，必须学会“吃”，吃得有福，吃得健康，才算是合格的社会人。

【小贴士】

年轻时不注意增强体质，年老时就会后悔不迭。因此，除了工作外还要注重身体健康。工作固然能保证我们一时的生活，但唯有身体健康才能保障我们将来生活得更好。健康是重中之重，没有了健康，金钱、爱情、事业、名誉再多也没有意义。

定理 72　放弃错误的感情

当感情不再单纯

年轻人初入社会，除了要工作、生存外，还要经营感情。社会上的感情不像学校里般单纯，往往带有一定的私利性。当一个人走近我们，可能看中的是我们这个人，也可能是我们的家境、现在的工作等等。

有勇气放弃

你有必要擦亮双眼，在失恋时好好地想一下，放弃那一段不该坚持的感情，或许对你的将来更好。

有的人和你擦肩而过，有的人让你一见钟情，有的人让你终生难忘。为了将来不至于受到太多感情的羁绊，有必要放弃不该坚持的感情。而何为不该坚持的感情？那些对我们心存其他目的的人，见异思迁、利用我们的人，如果我们和他之间的感情已经破裂，就有必要快刀斩乱麻，和其一刀两断。

当然，放弃不该坚持的感情需要勇气，但必须得放弃。要是不去放弃，只会使自己受伤，而只有勇于放弃才能获得新生。

文丽大学时和一位男生相恋了，但大学毕业后迫于生计，他们一个在上海工作，一个在北京打拼。文丽一直希望工作几年后可以和男朋友生活在一起，但就在她对未来怀着美好憧憬时，男朋友却把她甩了。文丽接受不了现实，整天以泪洗面，生活、工作水准日益下降。突然有一天，文丽意识到不能再这样下去，不该折磨自己。一段时间后，她重新找了一个男朋友，开始了新生活。

要是文丽不忍心放弃，只会沉浸在失恋中不能自拔，一旦她在失恋中迷失了自己，好在文丽有了新的选择，有了新的开始。

有时，我们也可能像文丽一样和我们的伴侣天各一方，如果对方已经变心，不如其一刀两断。破碎的感情再坚持下去不会有好结果，只有勇于放弃，既“成全”了他，又可使自己有一个新的开始。

不留恋不值得的爱

放弃是一种美德，放弃不值得的感情能使我们更轻松地走下去。我们总希望能遇到一个和我们志趣相投、同舟共济的人，可如果相恋的一方已不值得我们再爱下去，就有必要放弃，放弃才会更好地开始新生活。

小高大学时的女友和别人好上了，他不想失去女友，却也改变不了现实。小高过得很痛苦，但经过一段时间，他走出了失恋的阴影，此时公司里有一位女孩对他表示好感，小高就和这位女孩走到了一起，不再沉浸在失恋的痛苦中。

其实，我们应勇于放弃当初不该有的感情，抓住眼前。一旦你重新开始一段新的感情，生活就会慢慢有起色，也不会再为过去的背叛耿耿于怀了。若旧的忘不了，新的又错过，你只会在悔恨中度过，很难走出感情的阴影。

因此，当一段不该的感情已成过往，我们有必要放弃。为了不至于将来成孤家寡人，我们有必要放弃旧的迎接新的开始，而迎接新的生活要选择合适的爱人，以免将来让自己再一次面临放弃的境地。

【小贴士】

年轻人赢得一段感情固然重要，而当一段感情已经破裂就要有勇气放弃。放弃旧的才可能迎接新的，而不至于让自己沉湎于过去，栽在感情的漩涡中。

定理73 找一个爱你的人

爱与被爱的选择

我们在人生之路上会遇到爱你的人、你爱的人，且随着年纪的增长，会需要一个伴侣。这时候，是找一个爱你的还是你爱的人呢?

一般来说，应该找爱我们的人。因为他会关怀我们，在我们以后的道路上助我们一臂之力。要是我们爱的人不爱我们，我们无怨无悔地付出他却无动于衷，此时就要下定决心远离他去寻找下一个爱人。

看清对方值不值得爱

现在的人找对象，无疑都会要求对方有经济基础、稳重、体贴。当然，如果他有优越的条件，有房、有车固然完美，但如果他是个花花肠子，就要远离他，因为他对你可以无怨无悔地付出，对别人也会如此。你不可能得到他全部的爱，因为他的爱很虚伪，你也不会过得快乐。

爱要讲求专一，你在寻找爱人时要做到专一，不能花心。花心的男人或女人总是让人讨厌的，没有人希望自己的对象感情不专一，见异思迁。如果一个人不能够做到对你“忠贞不渝”，你以后的生活将会出现难题，你们之间的感情也极有可能破裂。

我们知道“天仙配”的故事吧！董永和七仙女“你耕田来我织布，我挑水来你浇园；寒窑虽破能避风雨，夫妻恩爱苦也甜”。要是两人之间的感情建立在物质之上，万一某一天你的境况不再令对方满意，他就可能背叛你，使你受尽折磨。

为了将来能更好地生活，不至于被伴侣背叛，建议你选择一个爱你的人。当然，如果你确实不喜欢爱你的人，和他在一起不快乐，你就要“忍痛割爱”，去寻找你爱的人。不过。你爱的人不一定会爱你，你为他心甘情愿地付出他却会认为是应该的，你会活得很累。

至于能否遇到两情相悦的人，这就如大海捞针一般可遇不可求。如果对方爱你或者你爱对方，这时你就要考虑该怎么选择了。远离不喜欢你的人会更幸福一些，和为你甘愿无悔付出的人在一起，你会更快乐。当然，并不是每个人都甘愿一辈子为你付出，如果他爱你，你也要试着去爱他，不要让他的爱付之东流，你也要为他付出，这样你们在一起才会快乐，才不会产生分歧而最终感情破裂。

【小贴士】

能遇上一个红颜知己或蓝颜知己难于上青天。人生在世，来来往往，两个人在一起不容易，如果你确实和你的伴侣感情很好，就不要去寻找其他人。珍惜眼前吧，以免好的没有寻找到，连手头的爱情也丢掉了。

定理74 拥有一颗平常心

平常心是一种心态

一个人心态平和，就能够更好地享受当下。而何谓平常心？其实，平常心只不过是我们处理日常生活中的事情的一种心态。它应该是一种常态，属于维系终身的一种哲学。

20 世纪，一个珠光宝气的美国阔太太去巴黎旅行。她看到一个老人在浇花剪草，能够看得出他是一个内行的园丁。在美国很难找到这么好的园丁，而阔太太有一座私人花园，她便想邀请老人到美国去。于是，她走过去问："你愿不愿意到美国去做我的园丁呢？我会给你高于在法国三倍的工资，而且还会给你提供住宿。"

老人听后，看了看阔太太，非常有礼貌地说："谢谢您的好意，但是不巧，我还有另一份工作，不能离开巴黎。"

"那你把所有的工作都辞掉吧，我会给你补偿的！你所说的另一份工作是哪种兼职呢？是送报还是养鸡？”

“不是的，夫人，直接告诉您吧，我就是法国的总统里安。”

一国总统却在做着园丁的工作，这让很多人觉得匪夷所思。其实，里安正是因为有一颗平常心，才会像常人一样过着简单快乐的日子。

平常心会让人态度积极

基辛格是犹太人后裔，1923 年出生在德国，1938 年迁居到美国。在美国，一切都是新的，而要想像真正的美国人那样生活并不是一件容易的事。他发现父亲并不像在德国那么吃香，只是当了一名很普通的办事员，这让他很心灰气馁。不过，他的母亲却拥有一颗平常心，仍像往常一样态度积极，她总是对基辛格说：“这些不幸没有什么大不了的，我们不能失去对生活的信念，当然也不能祈求上帝带给我们所有。”这些对基辛格产生了积极的影响，以至于他在接下来的日子里能很好地面对挫折及失败。

基辛格的母亲教会了他拥有一颗平常心，他才能因此走入驰名世界的哈佛大学，并且成为一位出色的外交家。

拥有平常心好处多多

拥有一颗平常心，是大有益处的。

拥有一颗平常心，能让我们体验到平平淡淡才是真的滋味，能让我们在日常生活中抛弃一切烦恼。就像佛教大师达到“菩提本无树，明镜亦非台。本来无一物，何处惹尘埃”的境界一样，平常心让我们随时留下适度的空间来自省。

拥有一颗平常心，会使我们放下一些贪念，看到光明，不去斤斤计较、患得患失，能够达到禅的境界。

拥有一颗平常心，会让我们体味到知足常乐的内涵。老子在《道德经》中说：“罪莫大于可欲，祸莫大于不知足，咎莫大于欲得。”也就是说，没有比欲望更大的罪恶了，没有比不满足更大的祸患了，没有比贪得无厌更大的过失了。

知道满足的人是快乐的，知道满足的人不会受累于人生，知道满足的人不会为世俗所羁绊，知道满足的人会找到理想的契合点，知道满足的人会找到合适的归宿。

拥有一颗平常心，就能把握住满足的尺度，让自己快乐地享受生活。

【小贴士】

平常心让我们不会为了功名利禄而斤斤计较，能让我们更好地享受生活。我们不会因为追求太多而活得身心疲惫，反而会心如止水，体验到生活的快乐。

定理75 良好的第一印象

年轻人到一个新的环境时，大多数会产生紧张、陌生之感。但要想让人们对你好感倍增，就要从“树立良好的第一印象”开始。在日常生活中，我们都有过这样的体验，初次与人见面时，对方的相貌、举止、言语以及风度等某些方面会迅速映在你的脑海中，形成最初的感觉，这种感觉便是我们所说的第一印象。第一印象主要源于人的直觉观察，对于根据直觉观察到的信息加以综合评判，然后以某种形式固定下来。以后别人也会拿对你的第一印象来评价你的人品和素质。

第一印象很重要

不管什么时候，尤其是在社交活动中，第一印象很重要。它是在没有任何成见的基础上，完全凭着你的“自我表现”来判断的，并不附带一些其他的因素。因而，第一印象直观、鲜明、强烈而又牢固。如果你相貌俊美、风度翩翩、言语机智、谈吐风趣幽默、举止端庄大方，就会给人留下美好而难忘的印象。当然，年轻人身上不可能集中着所有的优点。但是，如果你具有其中某一方面，继而扬长避短，将其发扬光大的话，那么你也可以获得最佳的效果。第一印象的好坏决定着社交活动能否继续下去。如果第一印象良好，对方就愿意和你进一步来往，通过一段时间的了解后，对方觉得你不错，的确有相交往的潜能，你们的关系就会顺畅地发展。如果对方是你的邻居，你在生活里就会多了一个朋友；如果对方是你的同事，你在工作中就多了一个支持者；如果对方是你的客户，你在事业上就多了一个合作伙伴。要是第一印象不好的话，你与他人的交往便不得不就此停止，因为对方会不想再见到你，纵然你有多么宏伟的蓝图、多么美好的动机，也只能化作泡影了。

第一印象影响深刻

年轻人的言谈举止是构成人们对其直观评价的主要因素，所以说第一印象直接影响到他人对一个人的评价。在初次交往时，很多人都很快被对方所接受，或奉为事业的楷模，或尊为学业上的恩师，或成为人生的伴侣，或敬为思想上的领袖。第一印象的烙印很长时间都不容易改变，它是非常深刻的。我们常常可以在许多回忆录中读到这样的一段话："他还是老样子，像我第一次见到他的时候……"多少年过后，一个人怎么会没有变化呢？事实上并不是因为对方依然如故，而是因为脑中的第一印象太深刻了，这第一印象没有随着时间的流逝而改变。由于第一印象扎根得太深，日后的感知都被时间冲淡或忽略了。

寻找共同点博取好感

在平常的交际中，初次见面的人如果能借闲谈找机会，找出共同点，就会消除不自然感，很快亲近起来。人们大都有这样的生活体验，对那些未曾谋面的人，往往本能地持有某种程度的戒心。但是一旦发现对方和自己有共通的地方，心中的隔膜就会很快消融，甚至会马上和对方成为知心朋友。

作为一种社交手段，此种强调双方共同之处的技巧，能收到奇特的功效，还可以立竿见影。

两个素不相识的人，通过第三者了解了彼此，可以一见如故，成为信任的知己。其根本原因在于，人们对共同点怀有认同的心理倾向。实际上，这种心理特点对你成功地进行交际是大有裨益的。

第一印象良好往往是你进行成功人际交往的关键，要是你在对方心里留下了良好的印象，很有可能加速你成功的步伐；要是你在别人心目中的印象很模糊或者说令对方不喜欢的话，他就不会和你合作，而你取得成功的可能性也随之降低。

【小贴士】

我们给别人留下好的印象，会赢得更多合作和生存的机会。只有赢得他人的认同，你才会顺利地发展下去。

定理76 充足睡眠健康生活

一天当中的三个八小时

人一天有二十四个小时的时间，八小时是给老板的，八小时是给自己的，而另外八小时我们有必要留给周公。有了那八小时我们才可以让一天的疲劳消失殆尽，有了那八小时我们才可以在接下来的一天轻轻松松地工作、学习，做自己的事情。

给自己留足八小时

一天当中要留足八小时的睡眠时间。但是，那八小时本来是周公的时间，如果你非得要抢过来，第二天就会工作状态欠佳，昏昏欲睡，不能顺利地完成工作。只有睡好了觉，第二天才会精力充沛，高效地把工作完成。

一天睡眠八小时，我们可以使大脑得到休息。如果我们一天只睡三四个小时，长时间下来，会严重影响身体健康。

不同人需要的睡眠时间各不同

一般上而言，幼儿一天要睡眠十一个小时，小学生一天要睡眠十个小时，初中生一天要睡眠九个小时，高中生一天要睡眠八个小时，成人一天要睡眠七到九个小时。

一项对 800 人的睡眠时长的调查结果显示，成人每天平均睡眠时间为八个半个小时，睡眠时间在四到五个小时的和睡眠时间在十到十一个小时的，占所有人数的 1% 到 2% 。而睡眠时间的长短和体型、年龄、性格有关。研究表明：对于体型与睡眠，肥胖型的人睡眠较好，很少失眠；压力型的人神经敏感性高，不易入睡；运动员睡眠时间虽少，但精力十分充沛，极少失眠。对于年龄与睡眠，青年人平均每天睡八个小时，随着年龄的增长，睡眠逐渐减少，但到了老年又稍有回升。对于性格与睡眠，性格外向者睡眠比性格内向者少。而成人睡眠时间有时还有十分明显的个体差异。这也就是说，不要求我们人人每天都得睡八小时，但是对于绝大数的普通人而言，八小时的充足睡眠是再好不过的。

【小贴士】

一天有二十四小时，八小时是老板的，八小时是你的，另外八小时是周公的，你可以抢自己的时间，可以抢老板的时间，但要是抢了周公的时间，周公就会惩罚你，让你用第二天来弥补，或者以后花费更多的时间去弥补，这样反而对自己的将来不利，我们何必每天劳苦而将来花费时间再去弥补呢？那是一种对生命的浪费。

定理77 留有一定的积蓄

年轻人在社会上生存，不能身无分文，无论何时，都应该有一定的积蓄。要知道，钱是我们生存的根本，如果没有了钱，就算你有再大的能力，也无法幸福地生活下去。

钱要花得节约一点

为了更好地生活，不至于将来山穷水尽，必须有一定的积蓄，不能把钱花光了。就算现在偶然间有了很多的钱，也不能大吃大喝，要想想将来，钱总有用尽的时候，当身无分文时，该怎么生存？

所以，无论何时都不要把钱花光，为了将来，有必要给自己留一定的积蓄。

小磊和小明是大学同学，大学毕业后在同一个城市工作。小磊是“大方”的人，有钱就花，没钱就挣；小明则勤俭节约，努力地省钱。

几年后，小磊还是花完了挣，挣足了花，没有积蓄；而小明已经开起了一家公司，当上了老板。小磊每天为生计奔波，小明只需要管理他人就可以过着富足的生活。

小磊和小明为什么会有如此大的差距呢？原因在于，小磊不知道留有一定的积蓄，结果每天都在挣钱，过着为生活奔波的日子；小明有一定的积蓄，若干年后，他可以用它们做一些自己想干的事情，而不用像小磊一样为了生计每天都在颠簸，很难过上富裕的生活。

基于小磊和小明的事实，我们要明白：应该给自己留有一定的存款，不能等到该用钱的时候身无分文而不知所措。我们很难预测将来会发生什么事情，所以必须使自己的钱包鼓起来。天有不测风云，人有旦夕祸福，万一你手头没有一点积蓄，等到将来发生了不测的事情，你是靠借钱度日还是另谋出路呢？然而，吃了别人的嘴短，我们必须靠自己生活，如果没有一点积蓄，将来的生活不可能尽如人意。

养成勤俭节约的习惯

勤俭节约能使我们养成艰苦朴素的作风，不铺张浪费；勤俭节约可以培养我们安于清贫的习性，能使我们在生活窘迫时更好地走下去。

我们要养成勤俭节约的习惯，总不能花完了挣，挣完了花，将来总有意想不到的事情发生，而对于这突如其来的事情应该怎么处理呢？为了以防万一，有必要养成勤俭节约的习惯。勤俭节约能使我们在困顿或富裕时都能拥有更多的物质财富，从而开展下一步的生活。

现在社会发展迅速，我们每天都可能面临新的机遇和挑战，为了将来能找到更适合的发展空间，要留有一定积蓄。因此在薪水还不殷实的情况下，你有必要养成勤俭节约的习惯。

长远打算好谋划

在农村，一些老年人总会留有一定的积蓄，以防没有子女照顾时可以安然地生存下去。

没有人可以在身无分文的情况下舒舒服服地活着，而一旦没钱了，生活的艰难便可想而知。尤其是那些在大城市里打工的孩子，他们有的挣得还不够自己花，更别谈留有积蓄了。此时，他们可以过着这种“得过且过”的生活，然而人无远虑必有近忧，他甘愿这样生活下去吗？他不羡慕那些有房有车城里人吗？他们当然羡慕！

可你要知道，每天上下班有私家车、住着高楼大厦的人们，他们都有一定的物质储备，就算某一天有不测发生，他们也会坦然地面对。相反，那些靠打工维持生计的孩子，一年到头也难剩下一些钱，而没有一点积蓄，生活状况将会多么糟糕。我们必须给自己留有一定的生存余地，无论何时都不能把钱花光。

因此，为了不至于将来走投无路，有必要给自己存有一定的积蓄，以“未雨绸缪”。

【小贴士】

钱可能一下子会花光，如果没有钱了我们将很难生活下去。我们不是乞丐，不能靠别人的施舍度日，必须给自己留有一定的积蓄，无论如何都不能把钱花得一干二净。

定理78　让感恩成为习惯

快乐取决于感恩

年轻人是否生存得快乐，不在于其是否长得英俊，不在于其是否富有，而是取决于其精神状态是否健康，是否将感恩当作一种习惯。

人生之路需要感恩

在人生之路上，我们会认识很多人，会经历很多事情，有的难以用语言来形容，有的感人肺腑，有的让人伤感或委屈，可无论遇到何种情形，我们都要报以感恩之心。

哈佛大学外交界的“教父”式人物亨利·基辛格是很有魅力

的人。在中国，人们对他也心怀崇敬之心，不仅是因为他促进了中美两国的建交，还在于他对中国人存有感恩之心。

1969年3月18日，在美国白宫因为中苏关系恶化引发了一段谈话。当时的美国总统尼克松问亨利·基辛格："抛开狭隘的意识分歧，你觉得中苏两国哪一个更为可爱？"亨利·基辛格笑着说："您明明知道这两个国家我是不愿意谈论的，如果非得让我说的话，我更偏向于中国。要知道，我是一个犹太人，我们的国家曾经遭到了毁灭，是中国接纳了我们。在第二次世界大战的时候，犹太人多灾多难，恰恰又是中国给了我们很好的避风港湾。"

中国人听到这段话时，一定会对亨利·基辛格充满好感，他的话语中包含着对中国儿女的感激之情。感恩就会像阳光一样让人倍感温馨，谁会不喜欢他人对自己的感激之声呢？亨利·基辛格曾经多次访问中国，他的良好形象被中国人民所铭记。

还有一则故事：

有两个人同时去面见上帝，询问天堂的路怎么去走。上帝看到他们饥饿，就先给他们一份食物。一个人接过食物后很是感激，拜谢过上帝才吃了起来。另一个人接过食物后，并没有任何的表情。上帝看到这一切后，把第一个感恩的人送上了天堂，而把那个无动于衷的人拒之门外。拒之于门外的人很不爽，对上帝说："他不就是比我多说了'谢谢'两个字吗？也不能有这么大的差别啊！"上帝说："你别忘了，他说那两个字表明他是一个有感恩之心的人，你没有说可以看得出你不知道对别人的恩惠予以感恩。”“那也不能让他上天堂，把我留在门外啊！”上帝说：“没有办法，因为天堂的大门是为有感恩之心的人打开的。”

人需要说“谢谢”，一句“谢谢”能看出一个人是否具有感恩之心，对于有感恩之心的人，天堂的大门也会为之敞开。不懂感恩、缺乏感恩之心的人，是永远难以进入天堂的，而等待他的将是无边无际的悔恨。

感恩的小提示

一句“谢谢”会使人生的道路“柳暗花明又一村”，我们应当存有感恩之心，这样会给别人留下良好的印象，还会给对方送去关怀与欢乐。

正是这一句小小的“谢谢”，不知改变了多少人的命运。

感恩会改变生存状况

不知感恩的人会缺少对工作的忠诚度，生活态度也会懈怠，自己也会慢慢地变成一种无情的经济动物。只有具有感恩之心，命运才会发生转变，一生才会有奇迹发生。

程磊在一家软件公司工作五年后突然被辞退，一想到接下来的生活他就觉得很无望。就在此时，这家公司倒闭了，而程磊的儿子也出生了。他感谢上天的恩赐，同时意识到需要重新找工作。

他的生活开始变得窘迫，每天都在找工作。三个星期过去了，他没有找到工作。后来他在网上看到一家软件公司要招聘程序员，待遇相当不错。程磊满怀着希望到那家公司去应聘。由于竞争激烈，公司通知他一个星期后去参加笔试。他对自己非常自信，相信在笔试的时候不会出现差错。然而，在一些软件未来发展的问题方面，他由于考虑得不周到，没有通过笔试。

虽然应聘失败了，但程磊感觉到自己收获了不少，决定写信给公司表达自己的感激之情。他拿起笔写道：虽然你们花费了很多精力给我提供了面试、笔试的机会，但是我还是失败了，不过我获得了更长远的认识，对未来有了更清醒的把握，感谢你们为我的付出，我会在接下来的日子里加倍努力。

程磊丝毫没有怨言，还给公司写了感谢信，而这封信被送到了总经理的办公室。总经理看到这封信后，没有说一句话，把它锁在了抽屉里。

几个月后，除夕即将到来，程磊收到了一张贺卡，是总经理写给他的。上面除了恭贺的话语之外，还表示如果他愿意可以出任公司里的某一重要职位。原来公司里的职位出现了空缺，总经理考虑了很久，觉得只有程磊合适。

就这样，程磊得到了更好的职位，是“谢谢”这两个字改变了他的命运。

【小贴士】

感恩是每个人都欢迎的，当对别人予以感恩时，会得到别人的喜欢与回馈，自己也会获益无穷。

我们要学会感恩，这是胸襟和品德的体现，将有助于我们智慧而充实地生存。

定理79 和别人分享成果

年轻人在社会上生存，要学会和别人分享成果。有时候，你凭借一人之力是难以成大事的，很多业绩都是在别人的帮助下才逐步攀升的。一个人在成功的时候，就更有必要和别人分享自己的成果了。

学会分享让花朵更艳丽

有一次，一个美国的商人去南美洲进行考察。他在巴西发现了一种非常雍容华贵的花，那些花看起来漂亮极了。于是，这位美国商人把这种花的种子带回了美国，种在了自家的庭院里。

一年后，鲜花盛开。美国商人便萌生了一个念头，想通过这些花大赚一笔钱。在邻居向他索要花的种子时，他拒绝了。商人想，等到家里这种花都盛开的时候再送人。

但是到了第二年，他的那些花没有第一年开得漂亮了。到了第三年，本来应该开花的地方已不见花了。商人觉得很奇怪，便请了一位植物学家来他的家里给花“治病”。

植物学家来到商人的花园后，仔细地看了一番，问商人：“你隔壁邻居种的不是这种花吧?”商人说：“对，他们种的是别的花。”

植物学家说：“问题就出在这里，虽然你的院子里种满了这种名贵的花，但是它们的花粉却会飘到别处，别处花的花粉也会飘来给它们授粉，这样一来你的花就授了别家的花粉，当然情况一年不如一年了。”

听了植物学家的话，商人才恍然明白，于是把这种花的种子送给了他的邻居。又过了一年，他的花园里又盛开了很漂亮的花。

在现实生活中，像美国商人这样的人有很多。比起那些乐意和别人分享成果的人，这一类人往往会受挫，难以受到广泛程度上的欢迎。

受欢迎的人更懂分享

一个受欢迎的人，能够在工作中如鱼得水，再加上有能力，事业自然节节攀升。反之，如果总是独吞果实，时间久了，别人就很难帮助你。没有了别人的支持与帮助，工作就很难顺利开展下去。

即便有能力，也是孤掌难鸣，难以获得大的发展。

要学会与别人分享成果，尤其是对于那些帮助你的人，更要通过成果的分享来表达你对他们的感恩。只是有些人在有一点成果的时候，总喜欢躲躲藏藏，生怕被别人知道了。他们觉得这样能够更多地涵养自己的灵性，岂不知封闭自己有可能导致固步自封。

帮助过你的人并不奢望你的报答，若你总是对对方有所隐瞒的话，就是你不地道了。有了成绩和别人分享，你会获得更多的快乐，别人也会更加乐意帮助你。

罗曼·罗兰说："要想别人快乐，首先得让自己快乐。"所以说，真正的快乐来自于分享。居里夫人把她得到的奖励捐献了出去，却没有感到失去很多，反而赢得了更多人的爱戴。正是这种分享，让居里夫人成绩卓著。

不贪功地分享会得到更多

与别人分享，就要谦虚，不贪功，分享会让我们得到更多。

黛莉在一家公司做行政，却缺少团队合作的精神，只知道每天拼命地工作，很少与同事沟通。她做出来的东西也不会告诉他人，即使有时老板让她与别人合作，她也是一个人去承担。结果，黛莉常常忙不完，越来越多的同事劝她把工作分一点出去。只是黛莉觉得，如果那样子的话，就意味着自己无法胜任工作，难以在老板面前抬起头来。因此，黛莉拒绝了与任何人分担。黛莉这样做保全了自己，但老板认为她不合群，开始对她投来不友好的目光。黛莉在职场的道路步履维艰。

在工作中，年轻人不应该只想着自己的事情，应学会与别人分享，这样才不至于每天都活得很疲惫。

分享的人会拥有好人缘

乐于和别人分享就会有好人缘，会赢得别人的赞赏，更重要的是不会攻于心计，不会让人时刻地提防着你。所以，那些不知道把自己的成果拿出来和别人分享的人，有必要引以为戒了。

关于分享的三条建议

分享会让一个人收获快乐。在年轻人的生存智慧中，分享占据着不可小视的地位。下面是有关分享的三条建议：

第一，要心胸宽广。每个人都无法让所有的人都喜欢，你不能让所有的人都喜欢你，但可以减少别人讨厌你的理由。此时，不能计较太多，你为别人做的越多，往往得到的也就越多。

第二，分享要有选择性。在分享的同时，很多人都认为应把自己的一切毫不保留地送给别人、告诉别人，其实不是这样子的。我们在分享的时候要学会选择，要知道什么是应该与人分享的，什么是应该有所保留的。明白了这些，再去分享的话，就会发现自己并没有失去更多，反而得到更多。

第三，没有人可以独自走向成功。就算一个人有天大的本领，也难以靠个人的力量打出一片天地。任何人都需要他人的支持，这种支持来自何处呢？当然来自于分享。不知道把自己的成果分享给帮助你的人，长此以往，他们就不会再帮助你了。

【小贴士】

如果你有一件快乐的事，把它和别人分享的话，那么你就会拥有两份快乐；如果你遇到了伤心的事，把它告诉你朋友，那么你的伤心只会剩下一半。所以，在初入社会时要和别人分享，这样才会快乐多多、悲哀少少。

定理80 习惯孤独寂寞的生活

孤独寂寞在所难免

有人说，刚踏入社会就如同坠入了深渊，没有了儿时的天真烂漫，没有了学校里的轻松闲散，扑面而来的是无尽的孤独和寂寞。

许多人都在和孤独寂寞打交道，自从踏入了社会，就难免会受孤独寂寞的干扰。每个人都不可能时时刻刻在欢乐中度过，特别是刚踏入社会的我们，一旦走向社会后，就要面对孤独寂寞。

我们总觉得活得很累，在很大程度上和孤独寂寞有关。我们没有了儿时的伙伴，没有了学校里的同学，每天都是一个人孤独地漂泊。我们注定摆脱不了这种孤独寂寞的生活吗？答案是因人而异！习惯了寂寞才会不寂寞，耐不了寂寞的折磨才会被寂寞无情地吞噬掉。

把孤独寂寞用得恰到好处

每个人一踏入社会，不一定能事事如意，因此时常会感到孤独寂寞。于是，有的人痛苦难遣，有的人在酒吧、夜场寻找一些心灵上的慰藉……要知道，人人难免孤独寂寞。我们要能耐得住孤独寂寞，在孤独寂寞中更好地思索自己，更好地想一想下一步该怎么办。不会应对孤独寂寞的人，最终会在颓废中丧失自我。

人生很短暂，要珍惜余下的日子。有的人在孤独寂寞中成功，有的人在孤独寂寞中归于平淡。大多数人都渴望成功，而想要成功就要充分利孤独的时间做点什么。此时，你可以做喜欢的事，可以完成未完成的心愿，可以去看喜欢的人，可以……总之，在孤独寂寞时，不要消极，不要任由时光逝去。

在孤独寂寞中沉淀自我

只有耐得住孤独寂寞的人才会不寂寞。人生难免寂寞，尤其是刚踏入社会的年轻人，每天从早忙到晚，总是一个人默默地在大城市中穿梭，形单影只。然而，只有这样的人才是可敬的人，他们耐得住孤独寂寞，会在埋头后出头，从而过上人上人的生活。那些耐不住独孤寂寞的人，往往会在心力用尽之后落得一身遗憾。

阿强在大城市里打工，因耐不了孤独寂寞的煎熬，找了一个女友，然而彼此感情不深，很快就不欢而散了。后来，阿强又找了其他女友，但在他 30 岁的时候，还是没有中意的对象，事业也一无所成。阿强耐不了孤独寂寞，在找女友中寻找安慰，结果一个个都以不快而告终，自己也更加孤独寂寞。

阿强的结果是可想而知的。要是他找个合适的女友，不因寂寞而去谈恋爱，相信他后来的结果会更好，只可惜他耐不了寂寞而恋爱了一场又一场却仍是孤单一人。

对于我们而言，寂寞固然可怕，可要是因在孤独寂寞中无法生活下去就去寻找一点乐子，最终的结局就可能像阿强一样更加寂寞。

做好自己

有些人在起步之初不愿意做一些看似索然无味的事情，总想着出人头地，岂不知太渴望被别人关注而不去潜心修炼自己往往会更寂寞。当然，有些人很小时就“出人头地”了，结果却很有可能像方仲永一样“泯然众人矣”。

我们不要羡慕那些在社会上风风光光的人物，要过好眼前的生活。

现在社会竞争激烈，想要将来生活得更好，现在就要为将来的生活做好铺垫。可以想想看，有些人沉默了几年后出了一本书让自己名声大噪，财源滚滚来；有的人每天都在颠簸，然而一辈子还是活得很累。你想做什么样的人呢？耐住孤独寂寞吧，这会为你的将来打下坚实的基础，若“今朝有酒今朝醉”，只管得过且过，消遣今天的日子，那就会“明日愁来没处愁”了。

因此，孤独寂寞固然可怕，但为了将来，为了将来生活得更好，有必要耐住孤独寂寞的煎熬，因为没有人可以随随便便成功，要明白“先寂寞后功名”、“欲速则不达”、“阳光总在风雨后”的道理！

【小贴士】

一个人在踏入社会之后，难免要忍受孤独寂寞。若无法习惯孤独寂寞的生活，就会更孤独寂寞，而只有在孤独寂寞中沉淀自我，为将来的生活打算，才会生活得更好。

图书在版编目（CIP）数据

成功学80条定理/子阳著．—北京：时事出版社，2013.10
ISBN 978-7-80232-626-2

Ⅰ．①成…　Ⅱ．①子…　Ⅲ．①成功心理—通俗读物
Ⅳ．①B848.4－49

中国版本图书馆CIP数据核字（2013）第158739号

出版发行：时事出版社
地　　址：北京市海淀区巨山村375号
邮　　编：100093
发行热线：（010）82546061　82546062
读者服务部：（010）61157595
传　　真：（010）82546050
电子邮箱：shishichubanshe@sina.com
网　　址：www.shishishe.com
印　　刷：北京百善印刷厂

开本：880×1230　1/32　印张：10.5　字数：212千字
2013年10月第1版　2013年10月第1次印刷
定价：25.00元
（如有印装质量问题，请与本社发行部联系调换）